Inhaltsverzeichnis

Vorwort

Sportorganisationen und ihre Sportvereine erkennen die Verpflichtung, sich zum Anwalt für mehr Wahrnehmung-Bewegung zu machen. In einem umfänglichen Sensibilisierungs- und Bewusstseinsprozess machen sie den Wert von Bewegung deutlich und setzen sich vermehrt für einen gezielteren Einsatz von Wahrnehmung-Bewegung ein.

Das bundesweit anerkannte Initiativprogramm „Förderung von Kindern mit mangelnden Bewegungserfahrungen" der Sportjugend NRW ist dafür deutlicher qualitativer Beleg. Außerdem engagiert sie sich in Bündnissen für Erziehung und Bildung und vielen Initiativen wie dem „Bewegungs-Kindergarten" und beteiligt sich an „Täglichen Bewegungsangeboten von Schulen".

Die Zeit ist gekommen, dies mit dem bildungspolitischen Willen nach flächendeckender Einführung der Ganztagsschule noch umfassender zu tun. Dem Sport erwächst jetzt die große Chance, als qualifizierter Anbieter von Wahrnehmung-Bewegung, Spiel und Sport unmittelbar die sensomotorischen Leistungen für alle schulischen Prozesse zu verdeutlichen. Sportangebote in den Sportvereinen und der Schulsport bzw. außerunterrichtliche Sportangebote in der Schule können bei integrativem Verständnis für die Leistungen von Wahrnehmung-Bewegung schulische Prozesse, vor allem die Voraussetzungs- und Eingangskompetenzen der beiden Kernfächer Schriftsprache und Mathematik, förderlich beeinflussen.

Weil Wahrnehmung-Bewegung diese grundlegenden Wirk-Fähigkeiten besitzt, ist auch der organisierte Sport mit seinen Sportvereinen ausdrücklich auf Grund seiner Profession als Kooperationspartner im Ganztag angesprochen (siehe die entsprechenden Runderlasse der zuständigen Ministerien). Er kann sich mit seinen qualifizierten Übungsleitern und Übungsleiterinnen an den außerunterrichtlichen Angeboten beteiligen. Neben den Sportarbeitsgemeinschaften und Projekten ist die „Sport-Profession" auch bei der Übernahme von Förderangeboten und Hausaufgabenhilfen sehr gefragt.

Immer mehr Sportvereine sind bereit, einen Förderauftrag zu übernehmen, weil sie die unverzichtbare Leistung der Sportorganisation am gesamtpädagogischen Konzept und damit an Erziehungs- und Bildungsprozessen heranwachsender Menschen erkennen!

Das erzieherische Ziel, Kinder in ihrer individuellen Entwicklung zu begleiten und zu unterstützen, verlangt von Erziehenden, ob Erziehungsberechtigte, Lehrkräfte, Erzieher/innen oder Übungsleiter/innen diagnostische Kompetenzen. Gemeint sind Fähigkeiten, Kinder zu beobachten, ihr Verhalten einzuschätzen, zu unterscheiden und zu erklären, um Entwicklungs-/Fördervorschläge zu machen.

Der Schlüssel zum Gelingen ist aber die Kenntnis, wie sich solche Entwicklungsstände und -räume feststellen lassen, welche Kompetenzen das sind bzw. welche Beziehungen zwischen verschiedenen Kompetenzbereichen mit ihren Kompetenzen und Teilkompetenzen bestehen.

**Kompetenzen von Kindern muss man kennen,
um von ihnen ausgehen zu können!**

Erst auf dieser Grundlage können sich dann beispielsweise Übungsleiter/innen, Grundschullehrkräfte und andere Erziehende über die Entwicklungsstände einzelner Kinder austauschen und Förderverabredungen treffen. So können Übungsleiter/innen durch ihr Wahrnehmungs- und Bewegungsangebot gezielt Sprach-, Schreib- oder Rechenprozesse unterstützen.

Dieser Kenntnisgewinn soll mit der vorliegenden aus der Praxis für die Praxis entstandenen Hilfe erleichtert und unterstützt werden. Das vorliegende praxisbewährte Instrumentarium ermöglicht die Feststellung von Kompetenzen der Sensomotorik (Wahrnehmung-Bewegung), Graphomotorik (Schreibmotorik), Schriftsprache und Mathematik bei 5- bis 12-jährigen Kindern.

Die von Dr. Klaus Balster (u.a. Vorstandsmitglied der Sportjugend NRW) und Frank Schilf dankenswerterweise erstellte Broschüre ermöglicht eine vielfältige und differenzierte Verwendung, je nach Absicht und Erfahrung.

Wir hoffen, mit diesem wichtigen Materialbaustein unseren aktiven Mitgestaltungswillen an Erziehung und Bildung zu unterstreichen.

Dirk Mays
Vorsitzender
der Sportjugend NRW

1 Warum sind Wahrnehmung und Bewegung wichtige Grundlagen für bedeutsame vorschulische und schulische Kompetenzen?

In vielen aktuellen Publikationen werden die mannigfachen Werte der Wahrnehmung und Bewegung (sie werden als Funktionseinheit Wahrnehmung-Bewegung gesehen und im Folgenden auch als Sensomotorik beschrieben) beispielsweise für ganzheitliche Prozesse beschrieben. Weil jeder Mensch eine Einheit aus Geist – Körper – Seele (Kopf, Körper und Gefühlen) ist, sitzt u.a. in Kindertagesstätten oder Schulen nicht nur der Kopf, sondern das „ganze" Kind! Sensomotorik unterstützt die Entwicklung der körperlichen Aktivität, die den Geist und die Seele nachhaltig beeinflusst. Ohne Wahrnehmung-Bewegung gibt es keine ganzheitliche Erziehung, keine Persönlichkeitsentwicklung und damit keine Identitätsbildung!

Beabsichtigte Bildungsziele lassen sich nur im Zusammenhang von Sensomotorik, Denken und Lernen erreichen. Sie bilden das tragende Fundament der menschlichen Existenz. Die Sensomotorik hilft bedeutsame Schlüsselqualifikationen bzw. Schutzfaktoren für alltägliche Lebensprozesse und für verschiedene Lern- und Leistungsfelder zu entwickeln. Wahrnehmung-Bewegung aktualisiert immer auch soziale Bezüge, Emotionen, Motive, Kognitionen und Wertvorstellungen!

Besonders im Kleinkind-, Vorschulalter und frühen Schulalter ist für kindliche Entwicklungsprozesse Sensomotorik die zentrale Form des Handelns. Sie ist die erste Dialogsprache des Kindes, die Stimmungen und Beziehungen ausdrückt. Diese nonverbale Sprache ist die erste „Lesefähigkeit", um andere Menschen zu verstehen. Sie ist die Grundlage aller Sozialität.

Der Erwerb solcher Kompetenzen gelingt nicht durch Zusehen bei einer Handlung oder durch Belehrungen. Diese können das eigene Handeln niemals ersetzen.

Wir können die unschätzbaren Lebens-Erfahrungswerte von Wahrnehmung-Bewegung für wichtige Entwicklungsbereiche täglich wahrnehmen. In, mit und durch Wahrnehmung-Bewegung teilen wir uns z.B. über die Körpersprache der Welt mit (Bedeutungsträger), übersetzen wir seelische Momente, Gefühle und Bedürfnisse ins Sichtbare, lässt sich mehr ausdrücken als durch Worte, werden Grundlagen für alle Lernbereiche geschaffen, wird Denken nach außen getragen oder können wir mit anderen Menschen in Verbindung treten.

Sensomotorik unterstützt die Aneignung bedeutsamer Lebenskompetenzen und -erfahrungen, u.a. Kompetenzen gegen alltägliche Gesundheitsgefahren (Übergewicht), Schlüsselqualifikationen, um mit Risikosituationen umzugehen (Verkehr), elementare Überlebenskompetenzen (Schwimmen), notwendige Lebensalltagskompetenzen (auf eine Leiter steigen), Voraussetzungskompetenzen für Lern- und Leistungssituationen (Sitzen), Grundlagenkompetenzen für Arbeits-, Lern- und Leistungsverhalten (Durchhaltevermögen) und Lern- und Leistungs- bzw. Erwerbsprozesse (Sprechen, Schreiben) sowie Persönlichkeitskompetenzen (Selbstkonzept und Identität).

Wahrnehmung-Bewegung spielt neben der Bedeutung für alle menschlichen Entwicklungsbereiche auch eine grundlegende Rolle im Erwerbsprozess der Kulturtechniken. In der Schule und in Kindertagesstätten ist Bewegung das einzige integrative Medium für alle Fächer bzw. Handlungsbereiche.

Aus der Vielzahl der möglichen Belege für die Wirkungen von Wahrnehmung-Bewegung für Lern- und Leistungsprozesse in der Schule hier zwei Beispiele, wie sie Lesen- und Schreibenlernen und mathematisches Handeln unterstützt

Das Wort, der Satz sind praktisch Kürzel für erlebte Handlungen. Begriffe entwickeln sich aus bewusst durchgeführten motorischen Handlungen. Wenn aber Worte und Begriffe als Stellvertreter oder Kürzel für erlebte Handlungen anzusehen sind, dann ist es nicht verwunderlich, dass während der ersten Phasen im Erwerbsprozess des Schreiben- und Lesenlernens der sensomotorische Anteil an dem Geschehen ebenso groß ist wie der kognitive Anteil. Erst wenn Lesen und Schreiben zur Routine geworden sind, spielt die motorische Komponente nicht mehr die bedeutende Rolle.
Bei Behinderten und schulleistungsschwachen Kindern bleibt die sensomotorische Einflussnahme aber längere Zeit bestehen.

Warum hat Sensomotorik diese Bedeutung?

Weil sich benötigte Voraussetzungsfähigkeiten vorschulischer und schulischer Kompetenzen nur durch Wahrnehmung-Bewegung entwickeln lassen. Hinweise finden sich in allen aktuellen Richtlinien und Lehrplänen oder gesonderten Erlassen in den Schulen; beispielsweise auch in den beiden Kernfächern der Grundschule oder in den Lese-Recht-Schreib-Erlassen!

Beim Erwerb zum Beispiel der Schriftsprache ermöglichen erst ausreichende Zeit-Raum-Fähigkeiten (wichtige Hauptkompetenzen von Wahrnehmung-Bewegung) beim Lesen die Einhaltung der Leserichtung. Sie sichern einen Lese-Rhythmus, damit man an Fixationspunkten nicht hängen bleibt, wie es bei Schülern mit Leseproblemen zu beobachten ist.

Bei Schreibprozessen spielen Raum-Zeit-Dimensionen eine übergeordnete Rolle. Z.B. beim harmonischen Schreibrhythmus, dem Einhalten von gleichmäßigen Abständen zwischen einzelnen Wörtern, beim Abschätzen, ob ein Wort noch in die Zeile passt und bei der Bewegungsplanung, um einen Buchstaben und später ein Wort zu schreiben. Kennzeichen schriftlicher Prozesse sind die lineare Anordnung, das Auf und Ab von Bewegungen, die Raumlage, Schreibrichtung und der Rhythmus.

Die Bedeutung von Raum-Zeit-Fähigkeiten wird auch bei Problemen deutlich. Kinder, die Schwierigkeiten mit oben – unten, links – rechts haben, haben diese oftmals auch bei der Unterscheidung b – d (ausschließlich links – rechts Problem) oder der Unterscheidung n – u (oben – unten, Umkehrungsproblem in Bezug auf ihre Lage im Raum).

Balster, K./Schilf, F.: Kompetenzen von Kindern erkennen

Die Raum-Zeit-Fähigkeiten spielen auch beim mathematischen Handeln eine bedeutsame Rolle. Mathemathisches Verständnis ist von räumlichen Gruppierungen abhängig. Einen Zahlenraum (bis 10) zu überschauen, braucht räumliches Denken.

Vor Zahlenoperationen müssen Begriffe, die Raum-Zeit-Relationen beschreiben – früher, mehr – klar sein. Beispielsweise ist das Zählen an Raum-Zeit-Dimensionen gebunden. Bestandteile des Zählens sind: Räumlich-zeitliche Orientierungsfähigkeit, Bewegungsplanung, Koordination der Zählhandlungen, Rhythmus (alles Wahrnehmungs-Bewegungs-Kompetenzen).

Bei geometrischem Handeln sind Raum und Zeit Grundlage. Kinder brauchen Fähigkeiten in der Raumvorstellung (Objekte in der Vorstellung reproduzieren) und Orientierung im Raum (Fußgänger, Autofahrer). Räumliche Strukturen realer Dinge lassen sich durch Handhabung von Gegenständen begreifen.

Durch Wahrnehmung-Bewegung werden Richtungen wie oben – unten, rechts – links, vorn – hinten, die feste Bezugsgrößen für die Lage eines Objektes im dreidimensionalen Raum sind, erlernt. Daten in der Schule werden laufend aus dreidimensionalen in zweidimensionale Räume (wie Tafel vertikal und Heft horizontal) und umgekehrt übertragen. Ebenso ist die Orientierung im Stellenwertsystem (Bestimmung Vorgänger/Nachfolger einer Zahl – 17/**18**/19) auf Raum-Zeit-Vorstellungsbilder angewiesen. Ohne eine Raum-Zeit-Reihenfolge kann die Struktur einer Zahl zerfallen; sie wird nicht als Einheit gesehen (2000012).

Aus dem bisher Gesagten wird deutlich – ohne sensomotorische Voraussetzungen geht es nicht!

Obwohl der Wert von Wahrnehmung und Bewegung unbestritten ist, sind sie auch kein Allheilmittel!

Sensomotorik ist zwar nicht alles – aber ohne sie ist alles nichts!

2 Warum sind Sportorganisationen und ihre Sportvereine Anwälte für Wahrnehmung-Bewegung und unterstützen die Entwicklung vorschulischer und schulischer Kompetenzen?

Sportvereine verstehen sich als Anwälte einer kindgerechten Bewegungsförderung. Aus Sorge um unsere Kinder und ihre Entwicklung und Bildung beteiligen sie sich aktiv am gegenwärtigen gesellschaftlichen Bewusstseinsprozess. Sie engagieren sich in Bündnissen für Erziehung und Bildung und vielen Initiativen wie der „Bewegten Schule"/„Gesunde Schule", dem „Bewegungs-Kindergarten" und beteiligen sich an „Täglichen Bewegungsangeboten von Schulen" oder in Programmen wie dem zur „Förderung von Kindern mit mangelnden Bewegungserfahrungen".

Die Sportvertreter/innen sind es, die einer breiten Öffentlichkeit den Zusammenhang zwischen sensorisch-motorischen, körperlichen und kognitiven, psychischen und sozialen Lern- und Entwicklungsprozessen verdeutlichen. Erst mit Wahrnehmung-Bewegung, Spiel und Sport gelingt es die „Ganzheit eines Menschen" erfahrbar zu machen. Wahrnehmung-Bewegung ist das einzige integrative Medium für alle Lern-, Leistungs- und Entwicklungsfelder im vorschulischen und schulischen Alltag.

Wenn alle Schlüsselqualifikationen und Kernkompetenzen des Alltagslebens Wahrnehmung-Bewegung als Basismedium ausweisen, dann ist es notwendig, künftig noch stärker den Wert dieses grundlegenden Mediums zu verdeutlichen und im eigenen Wirkungsbereich angemessener zu berücksichtigen.

Sportorganisationen und ihre Sportvereine erkennen diese Verpflichtung, sich zum Anwalt für mehr Wahrnehmung-Bewegung zu machen. In einem umfänglichen Sensibilisierungs- und Bewusstseinsprozess machen sie den Wert von Bewegung deutlich und setzen sich vermehrt für mehr und einen gezielteren Einsatz von Wahrnehmung-Bewegung ein.

Mit ihrem bundesweit anerkannten Initiativprogramm zur „Förderung von Kindern mit mangelnden Bewegungserfahrungen" kann die Sportjugend NRW ihr Engament bereits qualitativ belegen.

Die Zeit ist gekommen, mit dem bildungspolitischen Willen nach flächendeckender Einführung der Ganztagsschule dies noch umfassender zu tun. Dem Sport erwächst jetzt die große Chance, als qualifizierter Anbieter von Wahrnehmung-Bewegung und Spiel und Sport unmittelbar die sensomotorischen Leistungen für alle schulischen Prozesse zu verdeutlichen.

Sportangebote in den Sportvereinen und der Schulsport bzw. außerunterrichtliche Sportangebote in der Schule können bei integrativem Verständnis für die Leistungen von Wahrnehmung-Bewegung schulische Prozesse, vor allem die Voraussetzungs- und Eingangskompetenzen der beiden Kernfächer Schriftsprache und Mathematik, förderlich beeinflussen.

Weil Wahrnehmung-Bewegung diese grundlegenden Wirk-Fähigkeiten besitzt, ist auch der organisierte Sport mit seinen Sportvereinen ausdrücklich auf Grund seiner Profession als Kooperationspartner im Ganztag angesprochen (siehe die entsprechenden Runderlasse der zuständigen Ministerien). Er kann sich mit seinen qualifizierten Übungsleitern und Übungsleiterinnen an den außerunterrichtlichen Angeboten beteiligen. Neben den Sportarbeitsgemeinschaften und Projekten ist die „Sport-Profession" auch bei der Übernahme von Förderangeboten und Hausaufgabenhilfen sehr gefragt.

Immer mehr Sportvereine sind bereit, einen Förderauftrag zu übernehmen, weil sie die unverzichtbare Leistung der Sportorganisation am gesamtpädagogischen Konzept und damit an Erziehungs- und Bildungsprozessen heranwachsender Menschen erkennen!

3

3 Wann kann ich Kinder individuell angemessen fördern und welche diagnostischen Kenntnisse sind notwendig?

Das pädagogische Ziel, Kinder in ihrer individuellen Entwicklung zu begleiten und zu unterstützen, verlangt von Erziehenden, ob Erziehungsberechtigte, Lehrkräfte, Erzieher/innen oder Übungsleiter/innen, diagnostische Kompetenzen.

Gemeint sind Fähigkeiten, Kinder zu beobachten, ihr Verhalten einzuschätzen, zu unterscheiden und zu erklären, um sie in ihrer Entwicklung zu begleiten und zu unterstützen bzw. um Entwicklungs-/Fördervorschläge zu machen.

Qualifizierte Erziehende folgen einer entwicklungsorientierten Persönlichkeitsdiagnostik, die Entwicklungen von Kindern nachzeichnet, ihre Entwicklungsstände feststellt, Entwicklungsspielräume/-chancen erkennt, angemessene Entwicklungsimpulse gibt und förderliche Pfade anlegt.

Der Schlüssel zum Gelingen ist aber die Kenntnis, wie sich solche Entwicklungsstände und -räume feststellen lassen, welche Kompetenzen das sind bzw. welche Beziehungen zwischen verschiedenen Kompetenzbereichen mit ihren Kompetenzen und Teilkompetenzen bestehen.

Auf dieser Grundlage können sich dann beispielsweise Übungsleiter/innen, Grundschullehrkräfte und Förderpersonen über die Entwicklungsstände einzelner Kinder austauschen und Förderverabredungen treffen. So kann ein Übungsleiter durch sein Wahrnehmungs- und Bewegungsangebot gezielt Sprach-, Schreib- oder Rechenprozesse unterstützen.

Daraus erwuchsen die Wünsche nach einem Instrumentarium, das solche grundlegenden Kompetenzen vorschulischer und schulischer Kern-Erwerbsprozesse systematisch benennt, ordnet, systematisiert, in Beziehung setzt und ihre Wirkungen beschreibt.

4 Welche Ansprüche sollte das gewünschte Instrumentarium erfüllen?

Erziehende wünschen sich Orientierungshilfen/Übersichten, die sie zur Durchführung ihrer Tätigkeit brauchen – ein Instrumentarium. Nach Vorstellungen der Erziehenden sollte das Instrumentarium kindliche Entwicklungsprozesse beschreiben und ein individuelles Eingehen auf Jungen und Mädchen ermöglichen.

Das gewünschte Instrumentarium sollte unterschiedliche Ansprüche erfüllen!

Es sollte

vier vorschulische und schulische Kern-Erwerbsbereiche in den Blick nehmen:

Sensomotorik Wahrnehmung-Bewegung	**Graphomotorik** Schreibmotorik	**Schriftsprache** Lesen, Rechtschreiben, Textproduktion	**Mathematik**

Es sollte

in einem roten Faden einer Entwicklungslogik folgen, nämlich,

dass alle Handlungen eine sensomotorische Grundlage haben,

dass erst auf dieser Basis sich graphomotorische Kompetenzen bzw. Lernvoraussetzungskompetenzen erschließen lassen,

dass diese wiederum Grundlage für die jeweiligen Eingangskompetenzen schriftsprachlichen und mathematischen Handelns sind,

dass sich erst danach darauf aufbauende Kompetenzen sicher erwerben lassen.

Es sollte

verschiedene Qualitätskriterien erfüllen, gemäß qualitativer diagnostischer Instrumente (vgl. EGGERT 1997, 217) wie:

- Es erzielt eine intersubjektive Übereinstimmung; d.h. mehrere Personen nehmen Gleiches wahr.
- Es ist valide; d.h. es ermöglicht Entwicklungsprognosen.
- Es erlaubt eine Generalisierung, d.h. zwischen Diagnose (Feststellung von Kompetenzen) und Intervention (Fördermaßnahme) besteht ein direkter Weg.
- Es ist ökonomisch, d.h. überall einsetzbar.
- Es ist nützlich, d.h. alltagsaktuell.

Es sollte

aus unterschiedlichen Instrumenten bestehen, die einzeln genutzt werden können.

Darum sind Wiederholungen bei der Nennung von Kompetenzbereichen, Kompetenzen und Teilkompetenzen unvermeidlich, aber auch aufgrund der Einzelnutzung wünschenswert.

Die einzelnen Instrumente und ihre Kompetenzbereiche, Kompetenzen und Teilkompetenzen sollen sich als Vorschläge bzw. fortzuschreibende Entwürfe verstehen, die einen möglichen Weg beschreiben. Sollten Lernbarrieren sichtbar werden, sind weitere diagnostische Instrumentarien und Schritte notwendig.

Die zusammengetragenen Kompetenzen und Teilkompetenzen sollten auch keinen Hierarchisierungsprozess (Rangfolge) widerspiegeln, sondern vor dem Hintergrund des jeweiligen Entwicklungsniveaus sowohl einen gleichrangigen wie nachrangigen Zugriff bieten. D.h., alle Aspekte sind gleich, auch wenn es aus darstellerischen Gründen ein „Oben" und ein „Unten" gibt.

Es sollte

das Anlegen einer *Förder-/Entwicklungsakte für jedes Kind* unterstützen bzw. ermöglichen.

Die jeweils zutreffenden ausgefüllten Kompetenzbereiche bilden so die Grundlage für die Förderkonzeption. In der Praxis hat sich für die Dokumentation der Förderprozesse ein *Entwicklungsprotokoll* (S. 95) bewährt.

Es sollten

den einzelnen Instrumenten theoretische Konstrukte (Annahmen) grundlegender lern- und entwicklungspsychologischer Erwerbsprozesse verschiedener Kompetenzbereiche zu Grunde liegen.

Diese bieten eine Übersicht, um

- ▶ Entwicklungsverläufe, -reihenfolgen und -beziehungen zu erkennen,
- ▶ individuelle Förderanlässe bzw. Entwicklungsaufgaben zu initiieren und Über- und Unterforderungen zu vermeiden.

Balster, K./Schilf, F.: Kompetenzen von Kindern erkennen

Es sollte

in einem Instrument beschrieben werden:

- ◎ *Name des Instrumentes*
  - ▶ z. B. Mathematische Kompetenzen

- ◎ *Die Kompetenzbereiche*
  - ▶ z.B. Sensomotorische Voraussetzungskompetenzen
  - ▶ z.B. Lernvoraussetzungskompetenzen
  - ▶ ...

- ◎ *Die Kompetenzen des Kompetenzbereiches*
  - ▶ z.B. Auditive Wahrnehmung
  - ▶ z.B. Visuelle Wahrnehmung
  - ▶ ...

- ◎ *Die Teilkompetenzen einer Kompetenz*
  Beispiel – Visuelle Wahrnehmung
  - ▶ z.B. Eigenschaften unterscheiden (Farbe, Form, Größe, Menge, Position)
  - ▶ z.B. Blickregulationen vornehmen (Verfolgung von Ziffern und Zahlen, geometrischen Formen)
  - ▶ z.B. Auge-Hand-Bewegungen koordinieren
  - ▶ z.B. Figur-Hintergrund-Differenzierungen vornehmen (Zeichen von der Tafel ins Heft übertragen)
  - ▶ ...

5 Welche Verwendungsmöglichkeiten bietet das Instrumentarium und seine einzelnen Instrumente?

Die Nutzung des Instrumentariums und seiner Instrumente richtet sich natürlich nach eigenen diagnostischen Erfahrungen bzw. nach den damit beabsichtigten Zielen.

Das Instrumentarium bzw. seine Instrumente bieten unterschiedliche Verwendungsmöglichkeiten, beispielsweise:

- zur Feststellung kindlicher Potentiale, u.a. Stärken

- zur Feststellung von Leistungsniveaus und Lernausgangsniveaus

- bei der Planung von Lernprozessen

- bei der Nutzung von Entwicklungschancen (Entwicklungsfenster)

- zur Ermittlung von Lern-/Entwicklungsverläufen und zur Lernbegleitung

- zur Feststellung förderdiagnostischer Handlungswege

- zur Feststellung von Lernproblemen, Entwicklungsstagnationen und Lernbarrieren

- zur Vorbeugung von Fehlentwicklungen

- zur Ermittlung von möglichen Ursachen (Ursachenvermutungen)

- zur Feststellung des Förderbedarfs

- für die Planung von Förder-Interventionen bzw. individuellen Lern- und Förderempfehlungen

- zur Überprüfung von Lernfortschritten

- für die Feststellung prognostischer Aussagen

- zur Ermittlung des Förderortes

- als Grundlage einer präventiven Orientierung.

- als Grundlage für den kollegialen Austausch im System oder zwischen Kooperationspartnern

- als Grundlage für Elterngespräche und -beratungen

- für die Erstellung von Berichten

- als Nachschlagewerk

6 Wie kann man mit dem vorliegenden Instrumentarium umgehen?

6.1 Beispiele, wie das Instrument „Feststellung sensomotorischer Kompetenzen" (Wahrnehmung-Bewegung) eingesetzt werden kann ›Kap. 7 / ›S. 26ff

Beispiel A
Ich möchte das kindliche Bewegungsverhalten meiner 8-jährigen Kinder grob einschätzen

○ *1. Schritt: Wahl des Instrumentes*
Ich wähle das Instrument zur „Feststellung sensomotorischer Kompetenzen" ›S. 26ff

○ *2. Schritt: Wahl des Kompetenzbereiches und seiner Kompetenzen*
Ich wähle aus dem Kompetenzbereich „Sensomotorische Kompetenzen" die Kompetenzen „Grundlegende Bewegungsqualitäten einer jeden Bewegung" ›S. 31

○ *3. Schritt: Beobachtung*
Ich beobachte die Kinder in alltäglichen Bewegungs- und Spielsituationen. Ich schätze Bewegungsäußerungen der Kinder mithilfe grundlegender Bewegungsqualitäten ein, die jeder Bewegung zu Grunde liegen. ›S. 31

○ *4. Schritt: Einschätzung*
Je mehr Qualitäten bei Bewegungsäußerungen eines Kindes beobachtet werden, desto umfänglicher ist sein Erfahrungsniveau.

Beispiel B
Ich möchte eine Feineinschätzung des kindlichen Bewegungsverhaltens meiner 8-jährigen Kinder vornehmen

● *1. Schritt: Wahl des Instrumentes*
Ich wähle das Instrument zur „Feststellung sensomotorischer Kompetenzen".
▶S. 26ff

● *2. Schritt: Wahl des Kompetenzbereiches und seiner Kompetenzen*
Ich wähle aus dem Kompetenzbereich „Sensomotorische Kompetenzen" die Kompetenzen „Sensomotorische Fähigkeiten und Fertigkeiten" (siehe „Altersvergleichende sensomotorische Entwicklungsübersichten"). ▶S. 32ff

● *3. Schritt: Wahl von Kompetenzen und Teilkompetenzen*
Ich wähle die Kompetenz „Handbeweglichkeit" und biete den Kindern die dort zu findenden Bewegungsangebote in freien Spielsituationen an, nämlich die Bewegungsangebote zur Feststellung der Teilkompetenzen „Figuren ausschneiden", „Zielwerfen". ▶S. 35

● *4. Schritt: Beobachtung*
Ich beobachte die Kinder in den Spielsituationen.

● *5. Schritt: Einschätzung*
Gelingt es den Kindern, die Bewegungsangebote auszuführen, verfügen sie über die altersvergleichenden Kompetenzen und können als normal entwickelt eingeschätzt werden; hier die Kompetenzen der 8-jährigen Kinder.

● *Ggf. 6. Schritt: Neue Beobachtungsgrundlage*
Gelingt es den 8-jährigen Kindern nicht, die Bewegungsangebote durchzuführen, biete ich auf einer vorherigen Alterstufe – hier der 6-Jährigen – Angebote an. ▶S. 35

Beispiel C

Ich möchte wissen, ob das beobachtete Bewegungshandeln einiger meiner 8-jährigen Kinder bei Alltags-Zielbewegungen auf Lernprobleme, Entwicklungsstagnationen und Lernbarrieren hindeutet

○ *1. Schritt: Beobachtung und Feststellung*
Ich beobachte bei einigen meiner 8-jährigen Kinder:
Dreh-, Schraub- und Schlagbewegungen gelingen nur mühsam, sie verlieren beim Lesen die Zeile, schreiben verkrampft oder halten keine Lineatur ein, finden keinen Weg beim Nachzeichnen oder malen etwas nicht sauber aus, ziehen sich umständlich an, fangen keine Bälle, sind im Umgang mit Spiel- und Sportgeräten verkrampft.

○ *2. Schritt: Wahl des Kompetenzbereiches und Einschätzen der Signale*
Ich prüfe mit Hilfe der „Motorischen Entwicklungsübersicht", ob die Signale altersgemäß sind. ▷S. 27
Immer erst wenn bei einem Kind ähnliche Signale in unterschiedlichen Situationen zu beobachten sind, kann eine erste „sichere" Einschätzung vorgenommen werden! Ich stelle fest, dass die beobachteten Zielbewegungen von den meisten Kindern bereits mit 6 Jahren (siehe z.B. den Entwicklungsverlauf „Fangen") gekonnt werden sollten. ▷S. 27
M. E. liegt eine Entwicklungsverzögerung vor und eine gezielte Hilfestellung ist vonnöten.

○ *3. Schritt: Erklären der Signale und Feststellung, welche Kompetenzen in welcher Niveaustufe vorliegen*
Mit Hilfe der „Sensomotorischen Entwicklungsübersicht" kläre ich, welche Kompetenzen und Teilkompetenzen dem o.g. Bewegungshandeln zu Grunde liegen. ▷S. 29
Im o.g. Beispiel prüfe ich, ob die Kinder über eine ausreichende Kompetenz „Handbeweglichkeit" und ihre „Teilfähigkeiten" wie „Handgelenk-Finger-Differenzierung" bzw. „Fingerdifferenzierung" verfügen. ▷S. 29
Sollte das „Problem" nicht in der Handbeweglichkeit liegen, so nehme ich weitere Kompetenzen und ihre Teilfähigkeiten in den Blick. Beispielsweise beobachte ich in einer vorherigen Niveaustufe, z.B. in der 3. aufbauenden Niveaustufe, ob die Kompetenzentwicklung „Seitigkeitssicherheit" und ihre Teilkompetenz „Integration beider Hände" entwickelt ist. ▷S. 28
Evtl. können auch Bewegungsaufgaben aus der „Altersvergleichenden sensomotorischen Entwicklungsübersicht" eine Orientierungshilfe bieten. ▷S. 32ff

6.2 Beispiel, wie das Instrument „Feststellung graphomotorischer Kompetenzen" (Schreibmotorik) eingesetzt werden kann ›Kap. 8 / ›S. 41ff

Beispiel A
Ich möchte mögliche Ursachen ermitteln, warum Kinder ihren Schreibdruck beim Umgang mit einem Schreibgerät nicht steuern können

○ 1. Schritt: Wahl des Instrumentes
Ich wähle das Instrument zur „Feststellung graphomotorischer Kompetenzen".
›S. 41ff

○ 2. Schritt: Suche der Kompetenz und seiner Teilkompetenzen
Ich suche in der Übersicht des Instrumentes den Kompetenzbereich „Graphomotorische Handlungskompetenzen" mit der Kompetenz „Steuerung des Schreibgerätes/der Arbeitsgeräte/der Materialien". ›S. 47
Dann suche ich die Teilkompetenz „Schreibdruck steuern".

○ 3. Schritt: Ermittlung einer möglichen Ursache
Die Teilkompetenz „Schreibdruck steuern" gibt mir auch den Hinweis, welche möglichen Ursachen dem Nicht-Gelingen zu Grunde liegen. ›S. 47

○ 4. Schritt: Beobachtung und Einschätzung der Teilkompetenz
Die Beobachtung zeigt mir, dass einige Kinder keine Spannungsregulation (Muskeltonuskontrolle) vornehmen können.

○ 5. Schritt: Feststellung des Kompetenzniveaus „Muskeltonuskontrolle"
Im vorherigen Kompetenzbereich „Sensomotorische Voraussetzungskompetenzen" finde ich die Kompetenz „Muskeltonuskontrolle" und ihre Teilkompetenzen. ›S. 28
Hier prüfe ich, welche Teilkompetenzen die Kinder beherrschen.

6.3 Beispiel, wie das Instrument „Feststellung schriftsprachlicher Kompetenzen" eingesetzt werden kann
›Kap. 9 / ›S. 48ff

Beispiel A
Feststellung von Leistungsniveaus und Lernausgangsniveaus
Planung von Förderinterventionen bzw. individuellen Lern- und Förderempfehlungen – hier: Fallbeispiel zum Lernbereich Schriftsprache –
Ekrem, 11 Jahre, Klasse 3

Ekrem zeigt bei noch durchschnittlicher intellektueller Leistungsfähigkeit ein schwerwiegendes Schulleistungsversagen im Lernbereich Sprache und im Fach Mathematik. Er kann nicht in die Klasse 4 versetzt werden und wiederholt die Klasse 3. Kurz nach Beginn des Schuljahres wird deutlich, dass sich die Schulleistungen nicht verbessern. Da nur begrenzte Förderstunden zur Verfügung stehen und ein Teil des mathematischen Leistungsversagens auf sprachliche Defizite zurückzuführen ist, werden die förderdiagnostischen Erhebungen zunächst auf den Lernbereich Sprache beschränkt.

› **Schritt: Feststellung von Lernproblemen**

Die Feststellung von Lernproblemen gibt gleichzeitig deutliche Hinweise für die Entwicklung eines Förderplans.
Die förderorientierte Eingangsdiagnostik zu Beginn des gemeinsamen Unterrichts zeigt ein typisches Fehlerbild, das geprägt ist von mangelnden familiären Sprachvorbildern und der Problematik einer zweisprachigen Erziehung.
Ekrem zeigt sich dialog- und kontaktfreudig. Das umfangreiche Fehlerbild der sprachlichen und schriftsprachlichen Realisierung macht eine Analyse mehrerer Bereiche notwendig:

▶ *Kommunikative Grundfähigkeiten*   ›S. 60
▶ *Sprachverarbeitung*   ›S. 61f
▶ *Sprachverstehen*   ›S. 62
▶ *Sprachgedächtnis/Wortschatz*   ›S. 62
▶ *Lesen*   ›S. 63f
▶ *Rechtschreibung*   ›S. 65ff
▶ *Selbstständige Textproduktion*   ›S. 69

Das Schriftbild gibt Hinweise auf Defizite in der

▶ *Graphomotorik*   ›S. 41ff

6

○ *2. Schritt: Die Konkretisierung vorhandener Kompetenzen deckt gleichzeitig Mängel auf.*

▶ *Dialogfähigkeit* ▶S. 60f
  • Keine Entwicklung eines altersangemessenen Wortschatzes

▶ *Grammatik*
  • Deklinationsfehler
  • Konjugationsfehler
  • Fehlerhafte Pluralbildung
  • Verwendung falscher Artikel
  • Fehlerhafte Bildung der Zeitformen

▶ *Syntax*
  • Bilden unvollständiger Sätze
  • Einfache und komplexe Sätze werden falsch gesprochen und geschrieben
  • Satz- und Textinhalte werden nicht folgerichtig ver- und entschlüsselt
  • unbeholfene Formulierung von Fragen

▶ *Semantik*
  • Keine Entwicklung eines altersangemessenen Wortschatzes
  • unrichtige Benennung und Beschreibung von Gegenständen und Sachverhalten

Das weitere diagnostische Vorgehen im Feld *Sprachverarbeitung* führt zur *phonologischen Informationsverarbeitung* ▶S. 61f. Es zeigt sich, dass Ekrem
  • Laute nicht korrekt identifiziert und unterscheidet
  • bei den Lautfolgen die Reihenfolge ungenügend beachtet

Es erfolgt deshalb ein Rückgriff auf die *akustisch – phonematische Differenzierung* im Bereich der *Sprachwahrnehmungsleistungen* ▶S. 59

Das Ermitteln der vorhandenen Kompetenzen zeigt weiter, dass nahezu alle Kompetenzen (bis auf die Inlauterkennung) vorhanden sind und die Förderung auf der Ebene der phonologischen Informationsverarbeitung verbleiben kann.

○ *3. Schritt: Feststellung graphomotorischer Kompetenzen*

Die Diagnose der Kompetenzen in der *Graphomotorik* ▶S. 47 zeigt folgende Defizite:

▶ *Graphomotorische Handlungskompetenzen*
  • verkrampfte Schreibhaltung
  • überbetonter Schreibduktus (Stift-/Linienführung)
  • Übersteuerung des Schreibdrucks
  • Unzureichende Steuerung des Schreibgerätes
  • Fixierung des Heftes mit der Schreibhand

Die senso- und graphomotorischen Hinweise eröffnen die Diagnosefelder *Sensomotorische Voraussetzungskompetenzen.*

▶ *Mängel in der Handbeweglichkeit* ▶S. 46
  • Isolierung der Fingerbewegungen
  • Koordination der Finger-Handbeweglichkeit

▶ *Mängel in der visuellen Wahrnehmung* ▶S. 44
  • Erkennen der Raumlage
  • Räumliche Beziehungen herstellen können

▶ *Seitigkeitsfähigkeit/-sicherheit* ▶S. 45
  • beide Hände koordinieren (Halten des Blattes)

❍ *4. Schritt: Feststellung der schulischen Kompetenzen*

Die Diagnose der *Lesekompetenzen* ▶S. 63f zeigt folgende Fehlerfelder:
  • verlangsamte, stockende Leseweise, verzögerte Worterfassung bei drei- und mehrsilbigen Wörtern
  • Syntheseschwierigkeiten
  • Überlesungen
  • Unsicherheiten bei Häufigkeitswörtern
  • kein Textüberblick, Reihenverwechselungen
  • keine Beachtung der Interpunktion
  • keine, bzw. unpräzise Beachtung der Endlaute
  • Wortidentifikation nur nach dem Anfangsbuchstaben
  • eingeschränkte Sinnentnahme

Die Diagnose der Kompetenzen in der *Rechtschreibung* ▶S. 65ff ergibt folgendes Fehlerbild:
  • Fehler beim Abschreiben
  • unzuverlässige kurz-lang-Differenzierung
  • fehlerhafte Differenzierung von In- und Auslauten: ei – ie, ch – ck, d – t , g – k,
  • Schärfungsfehler (alle Doppelungen)
  • Fehlerhäufungen in der Groß – Kleinschreibung
  • Reversion d – b
  • Fehlerhäufungen bei den Lautverbindungen dr, sp, st. ch

Die prozentuale Auswertung der *phänomenologischen Fehleranalytik* ▶S. 68 auf der Basis der ersten beiden Diktate zeigt Fehlerhäufigkeiten in folgenden Bereichen:
  • Groß-/Kleinschreibung: 46,0%
  • Dehnung ie, h: 16,6%
  • Schärfung mit Doppelung: 12,5%
  • Differenzierungsfehler g – k, m – n, d – t: 16,6%

O 5. Schritt: Förderplanung (Bezug siehe Schritte 1 – 4)

Es werden zur raschen Erfolgsorientierung zunächst folgende Förderziele auf-
genommen:
- Sensomotorische Förderanlässe
- Bewegungsgestützte kurz-lang-Differenzierung
- Bewegungsgestützte Lautanalyse
- Verbesserung der Lautdifferenzierung
- Wiederholung und Anwendung von Regelwissen (Groß-/Kleinschreibung,
  d – t und g – k im Auslaut
- Erweiterung des Wortschatzes
- Steigerung des Leseflusses und der Lesegeschwindigkeit durch Reduzie-
  rung und Strukturierung der Lesetexte
- Verbesserung der Sinnentnahme

O 6. Schritt Entwicklungskontrolle

Die langfristige Überprüfung der Leistungsentwicklung ist ebenfalls mit der
phänomenologischen Fehlertabelle vorzunehmen.
Innerhalb der 5-monatigen Förderung wird der Fördererfolg mit der tabellari-
schen Auswertung der *phänomenologischen Fehleranalyse* ›S. 68f dokumentiert.

Es zeigen sich folgende Ergebnisse:

	Diktat 1 65 Wörter	Diktat 2 76 Wörter	Diktat 3 78 Wörter	Diktat 4 86 Wörter
Fehler gesamt	24 (100%)	13 (100%)	12 (100%)	12 (100%)
Groß-Klein-Schreibung	11 (46%)	4 (30,7%)	4 (33,3%)	3 (25%)
Dehnung ie–h	4 (16,6%)	0 (0%)	2 (16,7%)	0 (0%)
Doppelung	3 (12,5%)	4 (30,7%)	1 (8,3%)	4 (33,3%)
Differenzierung g–k, m–n, d–t	4 (16,6%)	3 (23,1%)	2 (16,7%)	3 (25%)
Sonstige	2 (8,3%)	2 (15,5%)	3 (25%)	2 (16,7%)

Im dokumentierten Fall ist die Entwicklung in der Tabelle ablesbar. Die Anzahl
der Fehler hat sich besonders im Verhältnis zur Anzahl der Wörter verbessert.
Der Anstieg der Fehlerzahl im Diktat 4 (bei der Doppelung bzw. Differenzie-
rung) im Verhältnis zur Gesamtfehlerzahl ist darauf zurückzuführen, dass die
Rechtschreibprobleme in diesen Bereichen vermehrt auftraten.
Die Lesefertigkeit und die Lesegeschwindigkeit haben sich leicht gesteigert.
Die Fähigkeit zur Sinnentnahme hat sich deutlich verbessert.

6.4 Beispiele, wie das Instrument „Feststellung mathematischer Kompetenzen" eingesetzt werden kann
> ▸Kap. 10 / ▸S. 70ff

Beispiel A
Ich möchte eine grundlegende Teilkompetenz, die für mathematisches Handeln bedeutsam ist, sowohl im Sportunterricht als auch im Mathematikunterricht sensomotorisch fördern. (Grundlage einer präventiven Orientierung)

○ *1. Schritt: Auswahl einer grundlegenden Teilkompetenz*

Ich wähle die Teilkompetenz „Raumlage" aus, weil sie den Erwerb bedeutsamer weiterführender mathematischer Kompetenzen unterstützt:

▶ *Die Raumlage unterstützt den Erwerb mathematischer Kompetenzen, wie u.a.*
  • Umgang mit Zahlen (Zahlen vertauschen) ▸S. 84
  • Umgang mit Zeichen (Zeichen vertauschen) ▸S. 84
  • Umgang mit Rechenschemata (Richtungen einhalten) ▸S. 84
  • Addieren (sich im Zahlenraum orientieren) ▸S. 85
  • Subtrahieren (Stellenwertzuordnungen vornehmen) ▸S. 85

▶ *Die Raumlage unterstützt den Erwerb mathematischer Eingangskompetenzen, wie u.a.*
  • Mathematische Grundfertigkeiten anwenden (… tauschen) ▸S. 82

▶ *Die Raumlage unterstützt den Erwerb pränumeraler Kompetenzen, wie u.a.*
  • Raumvorstellungen/Raumbegriffe (Lagebeziehungen erfassen) ▸S. 80
  • Umgang mit Zahlen (eine Anordnung von Zahlen verstehen) ▸S. 81
  • Umgang mit mathematischen Zeichen (Operationszeichen unterscheiden) ▸S. 81

◑ *2. Schritt: Finden sensomotorischer Förderschwerpunkte, die die Raumlagekompetenz entwickeln*

Ich sehe mir im Kompetenzbereich „Sensomotorische Voraussetzungskompetenzen" alle Kompetenzen (z.B. Visuelle Wahrnehmung) und ihre Teilkompetenzen (z.B. Raumlagen erkennen) an und wähle die Teilkompetenzen als Förderschwerpunkte, die die Raumlagekompetenz entwickeln helfen. ▷S. 74ff
Beispielsweise:

▸ *Visuelle Wahrnehmung* ▷S. 74
  • Eigenschaften unterscheiden (Farbe, Form, Größe, Menge, Position)
  • Konstante erkennen (gleiche Formen erkennen)
  • Raumlagen erkennen

▸ *Taktile Wahrnehmung* ▷S. 74
  • Eigenschaften (Größe, Form) von Objekten unterscheiden (groß – klein)
  • Gleiche Eigenschaften/Konstante (alle rund) erkennen und ordnen

▸ *Vestibuläre Wahrnehmung* ▷S. 75
  • Sich mit dem Körper im Raum orientieren (Raumlagen deuten können; Positionsbestimmungen)

▸ *Seitigkeitsfähigkeit/-sicherheit* ▷S. 75
  • Rechts-links unterscheiden (Raumrichtung)

▸ *Raumwahrnehmung (Voraussetzung für Beziehungen)* ▷S. 76
  • Raumlinien, -richtungen, -wegen folgen (oben – unten, hinten – vorne, links – rechts)
  • Raumlagen unterscheiden (Richtung der Zahlen)

▸ *Handlungsplanung* ▷S. 76
  • Reihenfolgen einhalten (Zahlen untereinander schreiben)
  • Operationen verknüpfen

Beispiel B
Ich stelle mathematische Probleme fest und möchte durch eine sensomotorische Förderung entwicklungsfördernd helfen.

○ *1. Schritt: Beobachtung*
Kinder rechnen Additionsaufgaben z.B. so: 62 + 6 = 32

○ *2. Schritt: Feststellung*
Die Kinder können beim Addieren weder die Richtung einhalten noch die Stellenwertordnung von Zehner und Einer vornehmen (Kinder rechnen: 26 + 6 = 32). Siehe Kompetenzbereich „Mathematische Kompetenzen" ▶S. 85

○ *3. Schritt: Einen Erklärungsweg finden*
Ich schaue den entwicklungsmäßig vor den „Mathematischen Kompetenzen" liegenden Bereich „Mathematische Eingangskompetenzen" durch. ▶S. 82f
Hier zeigt sich, dass die Kinder noch nicht die mathematische Grundfertigkeit wie „etwas ordnen" sicher anwenden können.
Darum suche ich jetzt eine Erklärung in dem grundlegenden Kompetenzbereich, der entwicklungsmäßig vor dem Bereich „Mathematische Eingangskompetenzen" liegt, nämlich im Kompetenzbereich „Pränumerale Kompetenzen". ▶S. 79ff

○ *4. Schritt: Einschätzung*
Im Kompetenzbereich „Pränumerale Kompetenzen" durchsuche ich einzelne Kompetenzen mit ihren Teilfähigkeiten, um Signale zu erhalten, warum Kinder Schwierigkeiten haben, Richtungen und Reihenfolgen bei Zahlenoperationen einzuhalten.
Einen Hinweis erhalte ich beispielsweise bei der Kompetenz Seriation/Serialität ▶S. 80 (Reihenfolgen bilden, Zahlen in eine Reihenfolge bringen).
Ich sehe, dass das Problem „keine Reihenfolgen und Richtungen einhalten zu können" grundlegend auch darauf basiert, über nicht ausreichende sensomotorische Voraussetzungskompetenzen zu verfügen.

○ *5. Schritt: Feststellen, welche sensomotorischen Kompetenzen mit ihren Teilkompetenzen gefördert werden sollen*
Eine Orientierungsmöglichkeit besteht darin, den Kompetenzbereich „Sensomotorische Voraussetzungskompetenzen" nach Teilkompetenzen zu sichten, die grundlegend für eine Förderung sind, „Richtungen und Reihenfolgen" sicher einhalten zu können". ▶S. 74ff

○ *6. Schritt: Festlegen von Förderrichtungen*
Beispielsweise können zu fördernde Teilfähigkeiten sein, die „Rechts-Links-Förderung" (Kompetenz: Seitigkeitsfähigkeit/-sicherheit) ▶S. 75 und die Förderung „Reihenfolgen einhalten" (Kompetenz: Zeitwahrnehmung) ▶S. 75, weil sie an Raumrichtungs- und Reihenfolgenprozessen beteiligt sind.

7 Instrument zur Feststellung sensomotorischer Kompetenzen

7.1 Motorische und sensomotorische Entwicklungsübersichten

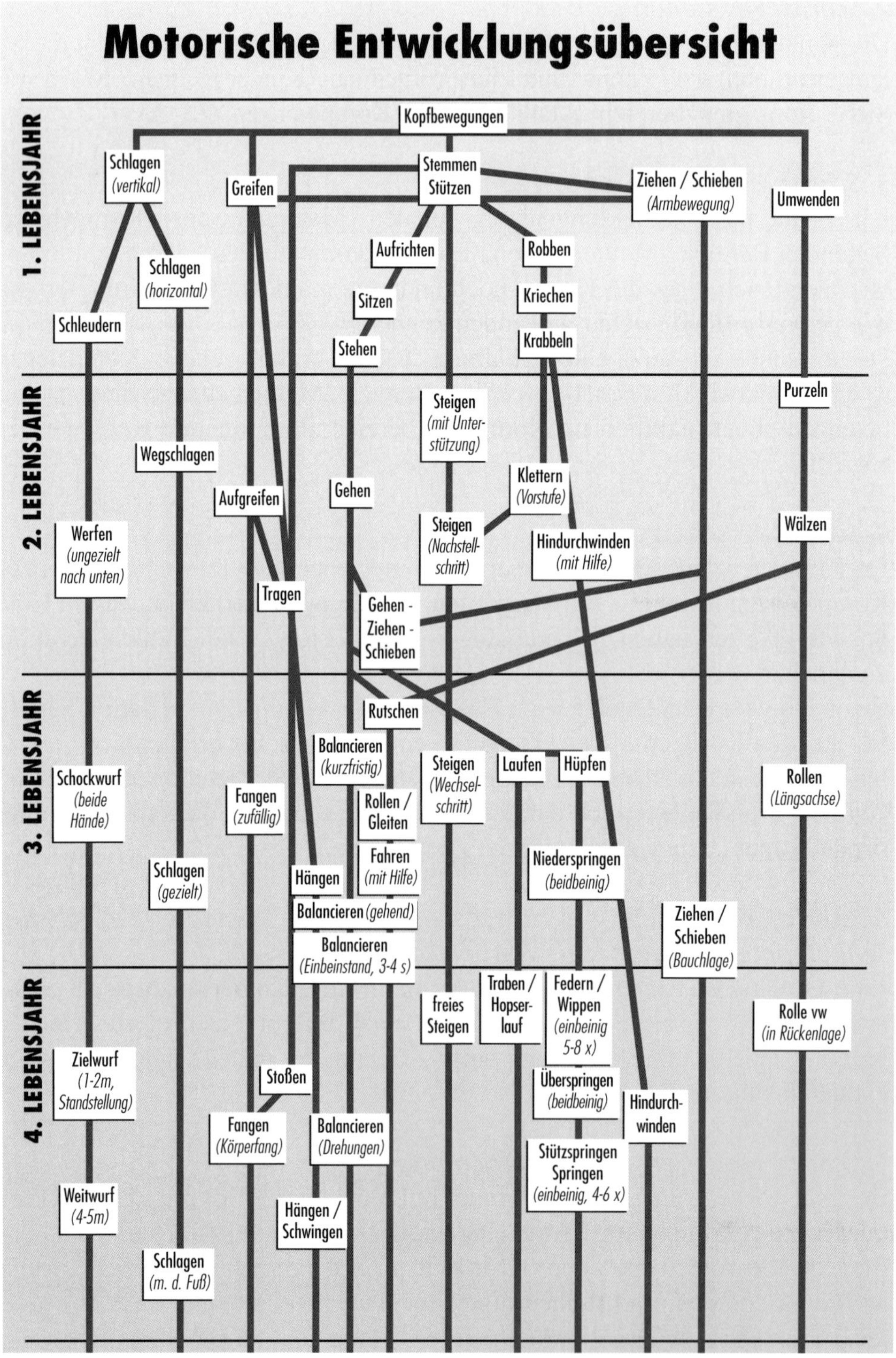

Motorische Entwicklungsübersicht

1. LEBENSJAHR

Kopfbewegungen

Schlagen (vertikal)

Greifen

Stemmen / Stützen

Ziehen / Schieben (Armbewegung)

Umwenden

Schlagen (horizontal)

Aufrichten

Robben

Sitzen

Kriechen

Schleudern

Stehen

Krabbeln

2. LEBENSJAHR

Purzeln

Wegschlagen

Steigen (mit Unterstützung)

Aufgreifen

Gehen

Klettern (Vorstufe)

Werfen (ungezielt nach unten)

Steigen (Nachstellschritt)

Hindurchwinden (mit Hilfe)

Wälzen

Tragen

Gehen - Ziehen - Schieben

3. LEBENSJAHR

Rutschen

Balancieren (kurzfristig)

Schockwurf (beide Hände)

Fangen (zufällig)

Steigen (Wechselschritt)

Laufen

Hüpfen

Rollen (Längsachse)

Rollen / Gleiten

Schlagen (gezielt)

Hängen

Fahren (mit Hilfe)

Niederspringen (beidbeinig)

Balancieren (gehend)

Ziehen / Schieben (Bauchlage)

Balancieren (Einbeinstand, 3-4 s)

4. LEBENSJAHR

freies Steigen

Traben / Hopserlauf

Federn / Wippen (einbeinig 5-8 x)

Rolle vw (in Rückenlage)

Zielwurf (1-2m, Standstellung)

Stoßen

Überspringen (beidbeinig)

Hindurchwinden

Fangen (Körperfang)

Balancieren (Drehungen)

Stützspringen Springen (einbeinig, 4-6 x)

Weitwurf (4-5m)

Hängen / Schwingen

Schlagen (m. d. Fuß)

Balster, K./Schilf, F.: Kompetenzen von Kindern erkennen

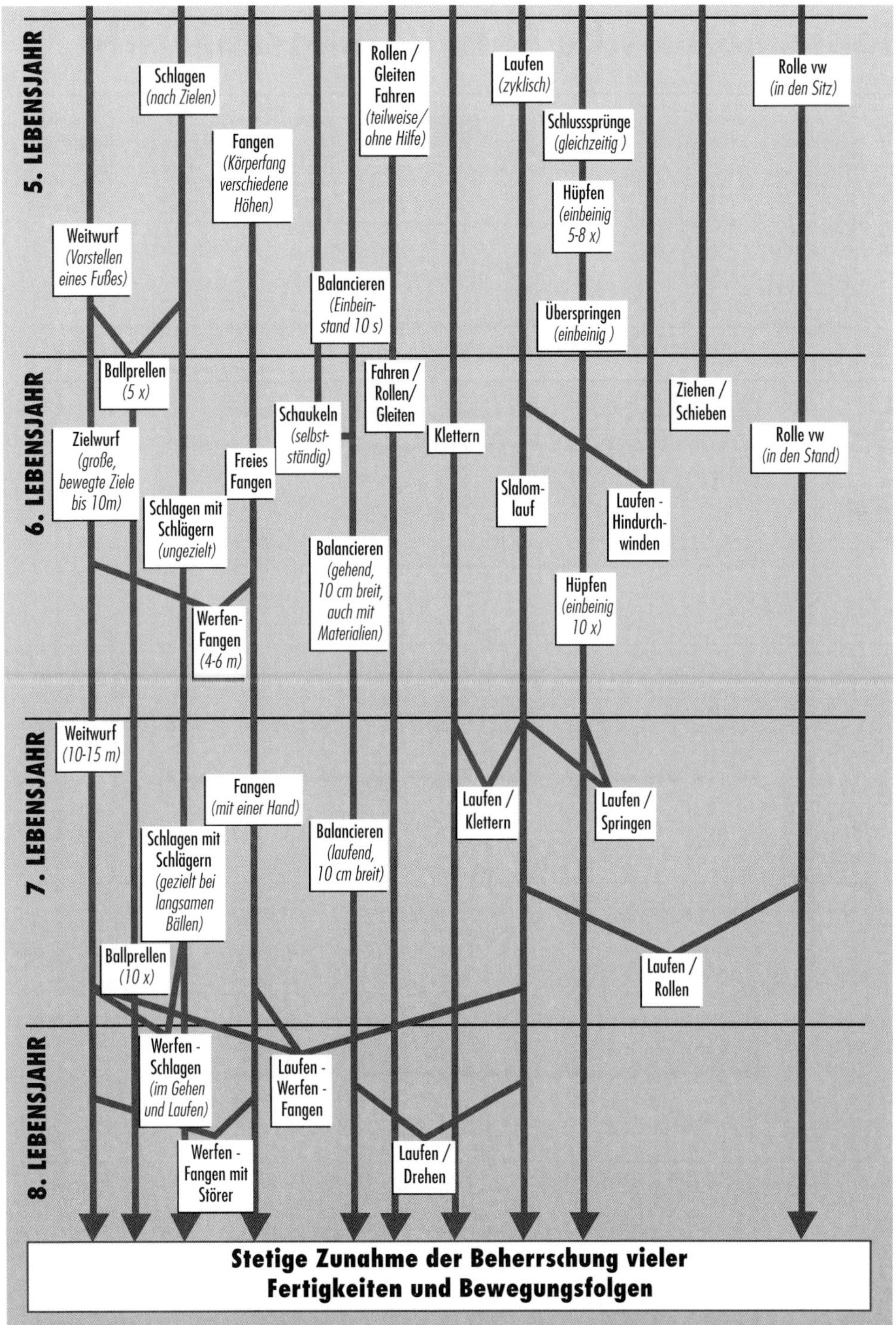

5. LEBENSJAHR

Schlagen
(nach Zielen)

Rollen /
Gleiten
Fahren
(teilweise/
ohne Hilfe)

Laufen
(zyklisch)

Rolle vw
(in den Sitz)

Fangen
(Körperfang
verschiedene
Höhen)

Schlusssprünge
(gleichzeitig)

Weitwurf
(Vorstellen
eines Fußes)

Hüpfen
(einbeinig
5-8 x)

Balancieren
(Einbein-
stand 10 s)

Überspringen
(einbeinig)

6. LEBENSJAHR

Ballprellen
(5 x)

Fahren /
Rollen/
Gleiten

Ziehen /
Schieben

Zielwurf
(große,
bewegte Ziele
bis 10m)

Schaukeln
(selbst-
ständig)

Klettern

Rolle vw
(in den Stand)

Freies
Fangen

Slalom-
lauf

Laufen -
Hindurch-
winden

Schlagen mit
Schlägern
(ungezielt)

Balancieren
(gehend,
10 cm breit,
auch mit
Materialien)

Hüpfen
(einbeinig
10 x)

Werfen-
Fangen
(4-6 m)

7. LEBENSJAHR

Weitwurf
(10-15 m)

Fangen
(mit einer Hand)

Laufen /
Klettern

Laufen /
Springen

Schlagen mit
Schlägern
(gezielt bei
langsamen
Bällen)

Balancieren
(laufend,
10 cm breit)

Ballprellen
(10 x)

Laufen /
Rollen

8. LEBENSJAHR

Werfen -
Schlagen
(im Gehen
und Laufen)

Laufen -
Werfen -
Fangen

Werfen -
Fangen mit
Störer

Laufen /
Drehen

**Stetige Zunahme der Beherrschung vieler
Fertigkeiten und Bewegungsfolgen**

Balster (1996): Vereinfachte schematische Darstellung altersgemäßer Entwicklungsverläufe elementarer Bewegungen und Fertigkeiten (modifiziert nach ROTH 1982).

aus: „Wir im Sport" 6/97

Die sensomotorische Entwicklungsübersicht wird als farbige Arbeitshilfe in auf DIN A3 aufklappbare Größe zugesandt. Bestellung mit einem ausreichend frankierten an sich selbst adressierten Briefumschlag (DIN A4) an den LandesSportBund NRW, Sportshop, Friedrich-Alfred-Str. 25, 47055 Duisburg, Tel.: 0203/7381-795.

Sensomotorische Entwicklungsübersicht

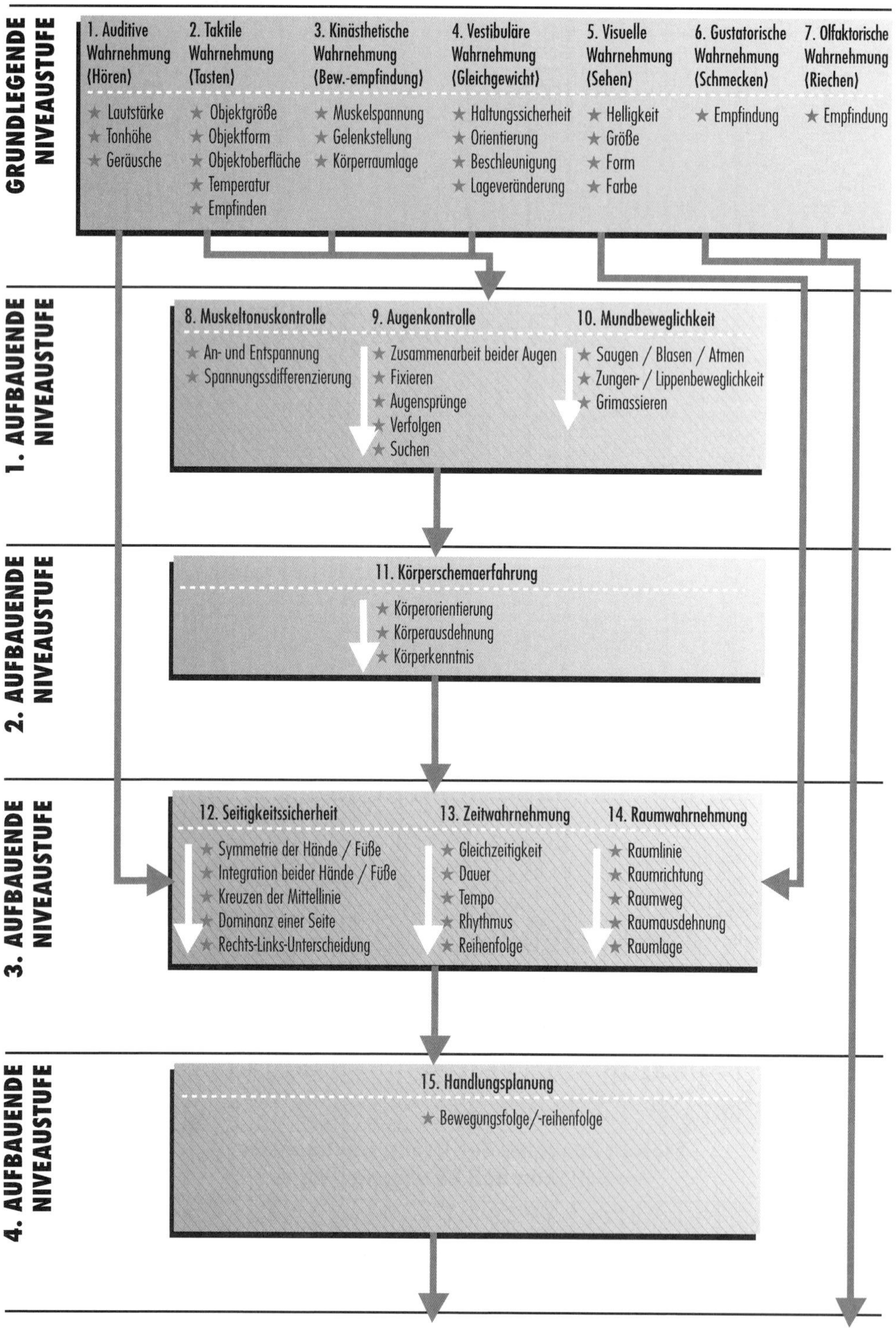

GRUNDLEGENDE NIVEAUSTUFE

1. Auditive Wahrnehmung (Hören)
- Lautstärke
- Tonhöhe
- Geräusche

2. Taktile Wahrnehmung (Tasten)
- Objektgröße
- Objektform
- Objektoberfläche
- Temperatur
- Empfinden

3. Kinästhetische Wahrnehmung (Bew.-empfindung)
- Muskelspannung
- Gelenkstellung
- Körperraumlage

4. Vestibuläre Wahrnehmung (Gleichgewicht)
- Haltungssicherheit
- Orientierung
- Beschleunigung
- Lageveränderung

5. Visuelle Wahrnehmung (Sehen)
- Helligkeit
- Größe
- Form
- Farbe

6. Gustatorische Wahrnehmung (Schmecken)
- Empfindung

7. Olfaktorische Wahrnehmung (Riechen)
- Empfindung

1. AUFBAUENDE NIVEAUSTUFE

8. Muskeltonuskontrolle
- An- und Entspannung
- Spannungsdifferenzierung

9. Augenkontrolle
- Zusammenarbeit beider Augen
- Fixieren
- Augensprünge
- Verfolgen
- Suchen

10. Mundbeweglichkeit
- Saugen / Blasen / Atmen
- Zungen- / Lippenbeweglichkeit
- Grimassieren

2. AUFBAUENDE NIVEAUSTUFE

11. Körperschemaerfahrung
- Körperorientierung
- Körperausdehnung
- Körperkenntnis

3. AUFBAUENDE NIVEAUSTUFE

12. Seitigkeitssicherheit
- Symmetrie der Hände / Füße
- Integration beider Hände / Füße
- Kreuzen der Mittellinie
- Dominanz einer Seite
- Rechts-Links-Unterscheidung

13. Zeitwahrnehmung
- Gleichzeitigkeit
- Dauer
- Tempo
- Rhythmus
- Reihenfolge

14. Raumwahrnehmung
- Raumlinie
- Raumrichtung
- Raumweg
- Raumausdehnung
- Raumlage

4. AUFBAUENDE NIVEAUSTUFE

15. Handlungsplanung
- Bewegungsfolge/-reihenfolge

Balster, K./Schilf, F.: Kompetenzen von Kindern erkennen

5. AUFBAUENDE NIVEAUSTUFE	Auditive Wahrnehmung	Taktile Wahrnehmung	Kinästhetische Wahrnehmung	Vestibuläre Wahrnehmung	Visuelle Wahrnehmung	Geschmacks-Wahrnehmung	Geruchs-Wahrnehmung
	Weitere Differenzierung ★ Unterscheidungen ★ Figur-Grund-Diff. ★ Konstanz ★ Richtung ★ Reihenfolge ★ Zeit-Raum-Diff. ★ Synthetisierung	*Weitere Differenzierung* ★ Unterscheidungen ★ Objekt-Grund Diff. ★ Konstanz ★ Gewicht ★ Festigkeit	*Weitere Differenzierung* ★ Kraftregulation ★ Spannungs-regulation ★ Haltungs-regulation	*Weitere Differenzierung* ★ Blickregulation ★ statische Haltungs-regulation ★ dynamische Haltungsregul. ★ Objektsicherheit	*Weitere Differenzierung* ★ Unterscheidungen ★ Blickregulation ★ Auge-Hand/Fuß-Koordination ★ Figur-Grund-Diff. ★ Formkonstanz ★ Raumlage ★ Räumliche Beziehung	*Weitere Differenzierung* ★ Kontroll-regulation	*Weitere Differenzierung* ★ Kontroll-regulation

16. Lautsprachenkontrolle **17. Handbeweglichkeit**   **18. Fußbeweglichkeit**   **19. Ganzkörperlichkeit**

★ Sprechsicherheit   ★ Handgelenk-Finger Differenz.   ★ Fußgelenk-Zehen-Differenz.   *Körperschemadifferenzierung*
                      ★ Fingerdifferenzierung   ★ Zehendifferenzierung   ★ Körperkontrolle
                                                                                      Körperbilderleben
                                                                                      ★ Körperbildsicherheit
                                                                                      ★ Körperbewusstsein
                                                                                      ★ Körperausgrenzung

20. Motorische Grundfähigkeiten   **21. Koordinative Grundfähigkeiten**

★ differenziertes Kraftmaß   *Differenzierte Fähigkeiten*
★ differenziertes Ausdauermaß   ★ Gleichgewicht (siehe Wahrnehmung)
★ differenzierte Beweglichkeit   ★ Reaktion
★ differenziertes Schnelligkeitsmaß   ★ Rhythmus
                                       ★ Raumorientierung (siehe andere Fähigkeiten)
                                       ★ Differenzierung (siehe andere Fähigkeiten)
                                       ★ Kopplung / Bewegungsfolgen
                                       ★ Umstellung / Anpassung

6. AUFBAUENDE NIVEAUSTUFE

22. Komplexe Koordinationsleistungen

★ differenzierte Muskelwahl
★ differenzierte Zielkontrolle /-steuerung
★ genaue Muskelspannungsdosierung
★ Koordination unter Zeitdruck
★ Aufgaben mit geschlossenen Augen

**Vielfältige motorische Fertigkeiten
und sonstige Kulturtechniken**

Balster (1996): Vereinfachte schematische Darstellung einer sich ansonsten in Niveaustufen spiralförmig aufbauenden Entwicklungsreihenfolge sensomotorischer Fähigkeiten als Voraussetzungen motorischer Fertigkeiten und sonstiger Kulturtechniken (in Anlehnung an AYRES 1984).

Erläuterungen zur Übersicht:
◆ Jeder Kasten bezeichnet eine Niveaustufe
◆ Jede Überschrift bezeichnet eine Fähigkeit („Baustein")
◆ Unter jeder Fähigkeit sind zugehörige Entwicklungsförderbereiche/„Teilfähigkeiten" angegeben
◆ Ein senkrechter Pfeil in einer Fähigkeit (in den Stufen) empfiehlt die Einhaltung einer Förderreihenfolge
◆ Die Pfeile zwischen den Stufen geben besondere Beziehungen und Einflüsse der Fähigkeiten untereinander an

Empfehlung für eine altersgemäße grobe Entwicklungsangabe (in Anlehnung an AYRES 1984). Die grundlegende und erste aufbauende Niveaustufe soll von normalentwickelten sechsjährigen Jungen und Mädchen erreicht, die nachfolgenden Niveaustufen 2 und 3 sollen fast erreicht und die darauf folgenden Niveaustufen 4 bis 6 angebahnt sein!

aus: „Wir im Sport" 6/97

Die sensomotorische Entwicklungsübersicht wird als farbige Arbeitshilfe in auf DIN A3 aufklappbare Größe zugesandt. Bestellung mit einem ausreichend frankierten an sich selbst adressierten Briefumschlag (DIN A4) an den LandesSportBund NRW, Sportshop, Friedrich-Alfred-Str. 25, 47055 Duisburg, Tel.: 0203/7381-795.

7.2 Feststellung sensomotorischer Kompetenzen

Name:_____ **geb.:**_____

○ **Sensomotorische Kompetenzen**
   ○ **Grundlegende Bewegungsqualitäten einer jeden Bewegung**
   ○ **Sensomotorische Fähigkeiten und Fertigkeiten**

BEMERKUNGEN

_____

_____

_____

_____

_____

_____

_____

_____

_____

_____

_____

_____

_____

_____

Sensomotorische Kompetenzen

Grundlegende Bewegungsqualitäten einer jeden Bewegung

○ **Bewegungsgenauigkeit**
○ **Bewegungsökonomie**
○ **Bewegungsfluss**
○ **Bewegungselastizität**
○ **Bewegungs-Spannungsregulation**
○ **Bewegungsisolation**
○ **Bewegungsanpassung**

Sensomotorische Fähigkeiten und Fertigkeiten

○ **Wahrnehmungsfähigkeiten**
○ **Motorische und koordinative Grundfähigkeiten und spezielle Koordinationsfähigkeiten**
○ **Motorische Fähigkeiten als Grundlage der Handlungsplanung/-steuerung**
○ **Grundlegende motorische Fertigkeiten**

7.2.1 Grundlegende Bewegungsqualitäten einer jeden Bewegung

Das Kind kann ... ☒

○ Bewegungen sicher und genau ausführen (Bewegungsgenauigkeit)
○ Bewegungen mit ausreichender Kraft und Ausdauer ausführen (Bewegungsökonomie)
○ Bewegungen kontinuierlich, auch mit unterschiedlichen Tempi ausführen (Bewegungsfluss)
○ den Körper sicher bei Bewegungen ab- und auffangen (Bewegungselastizität)
○ Bewegungen mit adäquater Muskelspannung ausführen (Bewegungs-, Spannungsregulation)
○ Bewegungen mit kontrolliertem Einsatz einzelner Körperteile ausführen (Bewegungsisolation)
○ Bewegungen situationsangemessen ausführen (Bewegungsanpassung)
○

7.2.2 Sensomotorische Fähigkeiten und Fertigkeiten

Empfehlungen zu den altersvergleichenden sensomotorischen Entwicklungsübersichten

Die Entwicklungsübersichten zur Grobeinschätzung der „Normalentwicklung" von Wahrnehmungsfähigkeiten, motorischen Fähigkeiten und grundlegenden motorischen Fertigkeiten 4-, 6- und 8-jähriger Kinder sind von einem Team von Kinderärzten, Psychologen, Therapeuten, Motopäden, Pädagogen und Erzieherinnen unter der Leitung von Dr. Klaus Balster erarbeitet worden (vgl. BALSTER, K.: Kinder mit mangelnden Bewegungserfahrungen – Teil 3. Hrsg. Sportjugend NRW, Duisburg 2003, 2. Aufl.).

Die Orientierungshilfe bietet allen Erziehenden die Möglichkeit, sich über die Normalentwicklung als eine Richtschnur zu informieren. Dadurch können einerseits kindliche Entwicklungsvorsprünge, Stärken und Möglichkeiten und andererseits Entwicklungsrückstände wahrgenommen werden. Dieses ermöglicht jedem Erziehenden, bei Kindern rechtzeitig Unter- und Überforderungen oder einzelne Stärken bzw. Schwierigkeiten zu erkennen. Die Entwicklungsübersichten helfen auch Förderungen zu planen und Förderverläufe festzuhalten (Fortschritte, Stagnationen) bzw. auf notwendige Veränderungen im Förderprozess hinzuweisen.

Nach Ansicht aller an der Erstellung beteiligten Experten/Expertinnen sind die in den Übersichten angegebenen altersgemäßen Verhaltensweisen (Wahrnehmungs- und Bewegungsleistungen) von mehr als 80% normalentwickelter Jungen und Mädchen bei ausreichenden Entwicklungsreizen zu erwarten.

Natürlich unterliegt jede Verhaltensweise und jeder motorische (natürlich auch psychoemotionale/-soziale) Entwicklungsstand individuellen Ausprägungen und zeitlichen Abweichungen. Ferner sind sie abhängig von verschiedenen systemischen Bezügen, wie Elternhaus, Kindergarten, Hort, Freunde, etc. Darum verstehen sich die Altersangaben auch als „Alters-Bandwerte", die nach oben oder unten ausgedehnt werden können/sollten.

Die Altersangaben und Zuordnungen können immer nur grobe Richtwerte sein, von denen einzelne Individuen u.U. erheblich abweichen können! D.h. praktisch, dass eine Verhaltensweise, die für 6-jährige Kinder angegeben wird, manchmal bereits von 5-Jährigen oder auch erst von 7-Jährigen erzielt wird. Die Angabe beschreibt also keinen absoluten Wert, sondern ist ein Einschätzungs-/Annäherungswert!

Dennoch sollte als Faustformel berücksichtigt werden: Liegt eine Altersdifferenz von mehr als zwei Jahren vor, sind umgehend Hilfestellungen notwendig! Z.B. wenn ein 8-jähriges Kind noch nicht die Fähigkeiten eines 6-jährigen Kindes besitzt.

Bei aller altersgemäßen Zuordnungsproblematik bieten die Übersichten dennoch eine erste Einschätzung zur groben Orientierung, um Anhaltspunkte für eine kindgemäße Förderung und Entwicklung zu bekommen! Die in den Übersichten genannten Angaben verstehen sich als Beispiele, die von den Erziehenden sowohl ergänzt als auch ausgetauscht werden können. Weil es immer nur annähernde, aber keine allgemein gültigen Normen des Bewegungsleistungsstandes für einzelne Beispiele geben kann, erheben diese Übersichten auch keinen Anspruch auf Vollständigkeit.

Altersvergleichende sensomotorische Entwicklungsübersichten

Beispiele zur Grobeinschätzung der Normalentwicklung von Wahrnehmungsfähigkeiten

4 Jahre	6 Jahre	8 Jahre
Auditive Wahrnehmung (Hören)	**Auditive Wahrnehmung (Hören)**	**Auditive Wahrnehmung (Hören)**
☐ 2 Lautstärken unterscheiden	☐ 3 verschiedene Lautstärken in eine Reihenfolge bringen	
☐ 2 Tonhöhen unterscheiden	☐ 3 verschiedene Tonhöhen in eine Reihenfolge bringen	
☐ 2 Geräusche unterscheiden	☐ 3 verschiedene Geräusche in eine Reihenfolge bringen	
☐ Jeweils 2 akustische Einzelzeichen nach verschiedenen Eigenschaften unterscheiden	☐ 3 akustische Einzelzeichen aus Ballungen von Zeichen unterscheiden	☐ Akustische Einzelzeichen nach ähnlichen Eigenschaften ordnen
☐ Ein akustisches Einzelzeichen aus verschiedenen Zeichen heraushören	☐ Akustische Vorder- und Hintergrund-Zeichen heraushören	☐ Einzelzeichen, die nicht in eine Handlungsfolge passen, heraushören
☐ Gleiche akustische Eigenschaften wahrnehmen	☐ 3 Zeichen mit gleichen akustischen Eigenschaften in eine Reihenfolge bringen	☐ Gleiche akustische Eigenschaften heraushören
☐ Richtungen akustischer Zeichen wahrnehmen	☐ Richtungen akustischer Einzelzeichen in Ballungsgeräuschen suchen	☐ Richtungen akustischer Zeichen wahrnehmen und darauf reagieren
	☐ Rhythmische Reihenfolge akustischer Zeichen einhalten	☐ Reihenfolge akustischer Zeichen selbst gestalten
☐ Reihenfolge aus 2 akustischen Zeichen wahrnehmen	☐ Räume nach 2 unterschiedlichen Rhythmen durchlaufen	☐ Räume nach drei unterschiedlichen Rhythmen durchlaufen
	☐ 3 verschiedene akustische Einzelzeichen zu einem Rhythmus zusammensetzen	☐ Eine Handlungsreihenfolge mit selbständig gewählten akustischen Zeichen gestalten
Taktile Wahrnehmung (Tasten/Spüren) (ohne Augenkontrolle)	**Taktile Wahrnehmung (Tasten/Spüren) (ohne Augenkontrolle)**	**Taktile Wahrnehmung (Tasten/Spüren) (ohne Augenkontrolle)**
☐ 2 Objektgrößen unterscheiden	☐ 3 Objektgrößen unterscheiden	
	☐ Eine Objektart (Ball) nach der Größe ordnen	
☐ 2 Objektformen unterscheiden	☐ 3 Objektformen unterscheiden	
	☐ Objekte mit derselben Form zuordnen	
☐ 2 verschiedene Oberflächen einer Objektart (Ball) unterscheiden	☐ 3 verschiedene Oberflächen unterscheiden	
	☐ Objekte mit derselben Oberfläche suchen	
☐ 2 verschiedene Temperaturen an einem Element (Wasser) wahrnehmen	☐ 3 Objekte mit unterschiedlichen Temperaturen in eine Reihenfolge bringen	
☐ Hautberührungen an verschiedenen Körperstellen wahrnehmen und ertragen	☐ Körperberührungen erkennen und benennen	☐ Reihenfolge von Körperberührungen nachvollziehen
☐ Objekte nach 2 verschiedenen Eigenschaften unterscheiden	☐ Objekte nach 3 verschiedenen Eigenschaften unterscheiden	☐ Tastsignale über ein Objekt wahrnehmen (z.B. mit einem Gymnastikstab einen Ball)
☐ Eine Objektart aus verschiedenen Objekten herausfinden	☐ Eine Objektform herausfinden	☐ Ein Objekt aus anderen ähnlichen Objekten heraussuchen
☐ Gleiche Eigenschaften heraussuchen	☐ Objekte mit 2 gleichen Eigenschaften heraussuchen	☐ Objekte mit 3 Eigenschaften heraussuchen
☐ 2 verschiedene Gewichte einer Objektart wahrnehmen	☐ 2 Objekte mit demselben Gewicht zuordnen	☐ Objekte mit unterschiedlichem Gewicht ordnen
☐ 2 verschiedene Festigkeiten einer Objektart unterscheiden	☐ Eine Objektart nach 3 Festigkeiten zuordnen	☐ Objekte mit denselben Festigkeiten heraussuchen
Kinästhetische Wahrnehmung (Bewegungsempfindung)	**Kinästhetische Wahrnehmung (Bewegungsempfindung)**	**Kinästhetische Wahrnehmung (Bewegungsempfindung)**
☐ Verschiedene Körperteile anspannen	☐ Muskelspannungen auf- und abbauen	☐ Muskelspannung in einzelnen Körperteilen auf- und abbauen bzw. halten
☐ Verschiedene Gelenkstellungen einnehmen bzw. wahrnehmen	☐ Einfache Gelenkveränderungen erkennen und nachmachen	☐ Schwierige Gelenkveränderungen wahrnehmen (auch mit geschlossenen Augen)
☐ Körperpositionen im Stand und in der Bewegung halten	☐ Körperpositionen im Stand und in der Bewegung verändern	☐ Körperpositionen in verschiedenen Bewegungssituationen halten
☐ Unterschiedliche Kraft einsetzen, um mit Gegenständen zu hantieren	☐ Krafteinsätze regulieren, um Körperpositionen bewusst zu verändern	☐ Krafteinsätze regulieren, um Körperpositionen in verschiedenen Situationen zu halten
	☐ Muskelspannungen bei schnellen und langsamen Bewegungen regulieren	☐ Muskelspannungen bei versch. Bewegungsaufgaben regulieren
	☐ Körperhaltungen bei langsamen und schnellen Bewegungen regulieren	☐ Körperhaltungen bei verschiedenen Bewegungen regulieren

Beispiele zur Grobeinschätzung der Normalentwicklung von Wahrnehmungsfähigkeiten

4 Jahre	**6 Jahre**	**8 Jahre**
Vestibuläre Wahrnehmung (Gleichgewicht)	**Vestibuläre Wahrnehmung (Gleichgewicht)**	**Vestibuläre Wahrnehmung (Gleichgewicht)**
☐ Körperhaltung im Stand und in der Bewegung auf stabilem Untergrund sichern	☐ Körperhaltung im Stand und in der Bewegung auf labilem Untergrund sichern	☐ Körperhaltung mit geschlossenen Augen im Stand und in der Bewegung auf stabilem Untergrund sichern
☐ Orientierung von Kopf und Körper bei Bewegungen in der Waagerechten und Senkrechten und bei Drehbewegungen sichern	☐ Orientierung von Kopf und Körper bei Dreh- und Karusselbewegungen sichern	☐ Orientierung von Kopf und Körper bei komplexen Bewegungen (z.B. nach Drehbewegungen auf einem Kasten von diesem herunterspringen)
☐ Beidbeiniger Niedersprung von einer Bank zum sicheren Fußstand	☐ Einbeiniger Niedersprung von einer Bank auf dasselbe Bein in den Stand, ohne Ortsveränderung	
☐ Auf unterschiedliche Beschleunigungen und schnelle Richtungsänderungen einstellen	☐ Auf Beschleunigungen, Richtungs- und Drehänderungen einstellen	☐ Auf passive und aktive Beschleunigungen, Richtungs- und Drehänderungen mit geschlossenen Augen einstellen
☐ Auf veränderte Körper-/Haltungslagen im Stand und in der Bewegung einstellen	☐ Auf Körper-/Lageveränderungen bei Bewegungen auf verschiedenartigem stabilen Untergrund einstellen	☐ Auf Körper-/Lageveränderungen bei Bewegungen auf labilem Untergrund einstellen
☐ Statische Haltungen auf dem Boden regulieren	☐ Statische Haltungen auf verschiedenartigem stabilen Untergrund regulieren	☐ Statische Haltungen auf labilem Untergrund regulieren
☐ Dynamische Haltungen regulieren	☐ Dynamische Haltungen auf verschiedenartigem stabilen Untergrund regulieren	☐ Dynamische Haltungen auf labilem Untergrund regulieren
☐ Unbewegliche Objekte im Stand und bei langsamen Bewegungen balancieren	☐ Bewegliche Objekte im Stand und bei langsamen Bewegungen balancieren	☐ Objekte bei Bewegungen auf verschiedenen Geräten balancieren
Visuelle Wahrnehmung (Sehen)	**Visuelle Wahrnehmung (Sehen)**	**Visuelle Wahrnehmung (Sehen)**
☐ 2 verschiedene Helligkeiten unterscheiden	☐ Versch. Helligkeiten unterscheiden und in eine Reihenfolge bringen	
☐ 2 Objektgrößen unterscheiden	☐ 3 Objektgrößen unterscheiden	
	☐ 3 verschiedene Größen einer Objektart ordnen	
☐ 2 Objektformen unterscheiden	☐ 3 Objektformen unterscheiden	
	☐ Objekte mit derselben Form zuordnen	
☐ 4 Grundfarben unterscheiden	☐ 5-7 Farben unterscheiden	☐ 8-10 Farben unterscheiden
☐ Objekte nach jeweils 2 verschiedenen Eigenschaften unterscheiden	☐ Objekte nach jeweils 3 verschiedenen Eigenschaften unterscheiden	☐ Verschiedene Objekteigenschaften wiederfinden
☐ Aus sicherem Stand Ziele ein- und beidäugig verfolgen	☐ Aus sicherer Bewegung Ziele ein- und beidäugig verfolgen	☐ Aus sicherer Bewegung ein- und beidäugig Mitspieler mit Gegenständen beobachten
☐ Auge-Hand/Fuß-Bewegungen koordinieren und an feststehende Ziele anpassen	☐ Auge-Hand/Fuß-Bewegungen koordinieren und an bewegliche Ziele anpassen	☐ Auge-Hand/Fuß-Bewegungen koordinieren und Zielverhalten steuern
☐ Ein optisches Einzelzeichen aus verschiedenen Zeichen wiedererkennen	☐ Einer Objektform bei unterschiedlichen, durcheinander ausgelegten Formen mit den Augen folgen	☐ Ein Objekt aus anderen fast ähnlichen Objekten heraussuchen
☐ Eine Objektform unabhängig von ihren Eigenschaften erkennen	☐ Gleiche Objektformen unabhängig von ihren Eigenschaften wiederfinden	☐ Ein bestimmtes Objekt innerhalb derselben Objektart wiederfinden
☐ Raumlagen zu Objekten unterscheiden und 2 mit seinem Körper einnehmen	☐ Raumlagen zu Objekten unterscheiden und 4 einnehmen (z.B. auf, unter, hinter…)	☐ Raumlagen zu Objekten unterscheiden und 5-6 einnehmen
☐ Räumliche Beziehungen zu Objekten herstellen	☐ Räumliche Beziehungen zu Objekten und zwischen den Objekten herstellen	☐ Durch unterschiedlich breite Tore hindurchlaufen, ohne sie zu berühren
Gustatorische Wahrnehmung (Schmecken)	**Gustatorische Wahrnehmung (Schmecken)**	**Gustatorische Wahrnehmung (Schmecken)**
☐ 2 unterschiedliche Geschmacksrichtungen empfinden	☐ Unterschiede einer Geschmacksrichtung empfinden und deuten und in eine Reihenfolge bringen	☐ Geschmacksrichtungen mit demselben Geschmack wiederfinden
	☐ Verschiedene Geschmacksrichtungen aus Nahrungsmitteln und Getränken kontrollieren und regulieren	☐ 4 verschiedene Nahrungsmittel und Getränke mit verschiedenen Geschmacksrichtungen und Eigenschaften unterscheiden, kontrollieren und regulieren
Olfaktorische Wahrnehmung (Riechen)	**Olfaktorische Wahrnehmung (Riechen)**	**Olfaktorische Wahrnehmung (Riechen)**
☐ 2 unterschiedliche Gerüche empfinden	☐ Unterschiedliche Geruchsrichtungen empfinden und in eine Reihenfolge bringen	☐ Geruchsrichtungen mit demselben Geruch wiederfinden
	☐ Verschiedene Gerüche an flüssigen und festen Duftstoffen kontrollieren und regulieren	☐ 4 verschiedene flüssige und feste Duftstoffe mit unterschiedlichen Gerüchen und Eigenschaften unterscheiden, kontrollieren und regulieren

Balster, K./Schilf, F.: Kompetenzen von Kindern erkennen

Beispiele zur Grobeinschätzung der Normalentwicklung motorischer und koordinativer Grundfähigkeiten und spezieller Koordinationsfähigkeiten

4 Jahre	6 Jahre	8 Jahre
Mundbeweglichkeit	**Mundbeweglichkeit**	**Mundbeweglichkeit**
☐ Die Aufmerksamkeit auf die eigene Atmung lenken	☐ Bewusst die eigenen Atembewegungen spüren	☐ Bewusst rhythmisch und unrhythmisch atmen
☐ Mit einem Strohhalm trinken	☐ Materialien ansaugen	☐ Materialien mit einem Strohhalm ansaugen und angesaugt halten
☐ Watte und Tischtennisbälle wegpusten	☐ Pfeifen und Flöten	☐ Materialien durch Saugen und Blasen bewegen
		☐ Einfache Liedteile pfeifend und flötend begleiten
☐ Mit der Zunge vielfältige Bewegungen im Mund und außerhalb des Mundes ausführen	☐ Zungenbewegungen nachmachen	☐ Mit den Lippen Gefühle ausdrücken
☐ Mit den Lippen vielfältige Bewegungen ausführen	☐ Mit den Lippen etwas darstellen	☐ Mit Zunge und Lippen Formen darstellen
☐ Gurgeln	☐ Mit den Lippen Geräusche machen	
	☐ Vielfältige Lutschbewegungen ausführen	
☐ Mit dem Mund vielfältige Bewegungen ausführen	☐ Mundmimik nachmachen/grimassieren	☐ Sich mimisch ausdrücken
Handbeweglichkeit	**Handbeweglichkeit**	**Handbeweglichkeit**
☐ Schneiden mit der Schere	☐ An einer Linie entlang schneiden	☐ Figuren ausschneiden
☐ Knöpfe schließen und öffnen	☐ Handgelenke schnell in verschiedene Richtungen bewegen	☐ Handgelenke und Finger bewusst einsetzen (z.B. Zielwerfen, -rollen)
☐ Handgelenke in verschiedene Richtungen bewegen	☐ Sichere Dreh-, Schraub- und Schlagbewegungen	
☐ Kneten	☐ Schleifen binden	
	☐ Knoten binden	
	☐ Anziehen	
☐ 6-8 Finger beider Hände isoliert bewegen	☐ 8-10 Finger beider Hände nacheinander einsetzen	☐ Bewegungsaufgaben mit gezieltem Fingereinsatz lösen
☐ Pinzettengriff		
☐ Reißverschluss hochziehen		
Fußbeweglichkeit	**Fußbeweglichkeit**	**Fußbeweglichkeit**
☐ Fußgelenke in verschiedene Richtungen bewegen	☐ Fußgelenke schnell in verschiedene Richtungen bewegen	☐ Fußgelenke und Zehen aktiv einsetzen
☐ 2-3 Zehen beider Füße isoliert bewegen	☐ 4-5 Zehen beider Füße nacheinander einsetzen	☐ Bewegungsaufgaben mit einzelnen Zehen lösen
Koordinative Grundfähigkeiten	**Koordinative Grundfähigkeiten**	**Koordinative Grundfähigkeiten**
☐ Über eine Langbank vorwärts balancieren	☐ Über eine Langbank rückwärts mit Drehungen balancieren	☐ Über eine umgedrehte Langbank (schmale Seite) vorwärts und rückwärts balancieren
☐ Auf einem Bein stehen (3-5 Sek.)	☐ Auf einem Bein stehen (8-10 Sek.)	☐ Auf einem Bein mit geschlossenen Augen stehen (6-8 Sek.)
☐ Fangen spielen/reagieren, z.B. „Fang die Schlange"	☐ Fangen spielen/reagieren, z.B. „Schwänzchenfangen"	☐ Fangen spielen/reagieren, z.B. „Tag und Nacht"
☐ Einen Stab fangen: Zwischen dem Daumen und allen Fingern wird ein Stab gehalten, ohne Ankündigung wird er vom anderen Kind losgelassen und soll, bevor er auf den Boden fällt, aufgefangen werden		
☐ Sich einem vorgegebenen Rhythmus anpassen, z.B. nach 2 verschiedenen Klatschtempi laufen	☐ Sich einem vorgegebenen Rhythmus anpassen, z.B. nach 3 verschiedenen Klatschtempi laufen	☐ Einen Rhythmus einhalten
☐ Orientieren im Raum nach vorgegebenen Signalen	☐ Orientieren im Raum	☐ Mit geschlossenen Augen im Raum orientieren
☐ In einen Reifen mit Drehung springen		
☐ Krafteinsatz differenziert an Aufgaben ausrichten, z.B. laut und leise gehen (Tiernachahmung)	☐ Krafteinsatz differenziert an Zielen ausrichten, z.B. fortlaufende Schlusssprünge in 5 hintereinander gelegte Reifen	☐ Krafteinsatz differenziert an Aufgaben ausrichten, z.B. einen Ball fortlaufend in einen Reifen prellen
☐ 2 Einzelbewegungen miteinander verbinden, z.B. laufen und hochspringen	☐ 3 Einzelbewegungen fließend nacheinander verbinden	☐ 4 Einzelbewegungen miteinander koordinieren
☐ Auf Signale reagieren, z.B. einem anderen Kind nachlaufen (Umstellungsfähigkeit)	☐ Auf Signale reagieren, z.B. Spiel „Feuer-Wasser-Blitz"	☐ Auf neue Situationen reagieren, z.B. „Schattenlauf" mit Gerät (Ball)

Beispiele zur Grobeinschätzung der Normalentwicklung motorischer und koordinativer Grundfähigkeiten und spezieller Koordinationsfähigkeiten

4 Jahre	**6 Jahre**	**8 Jahre**
Motorische Grundfähigkeiten (Kraft, Ausdauer, Beweglichkeit, Schnelligkeit)	**Motorische Grundfähigkeiten (Kraft, Ausdauer, Beweglichkeit, Schnelligkeit)**	**Motorische Grundfähigkeiten (Kraft, Ausdauer, Beweglichkeit, Schnelligkeit)**
☐ Das eigene Körpergewicht in verschiedenen Bewegungssituationen halten	☐ An einer Stange oder Sprossenwand frei hängen (6-8 Sek.)	☐ Halten mit gebeugten Armen an einer Stange/Sprossenwand (8-10 Sek.)
	☐ Aus dem Anlauf über ein kniehohes Hindernis springen	
☐ 2-3 Minuten laufen, ohne Pausen	☐ 4-5 Minuten laufen, ohne stehen zu bleiben	☐ 6-8 Min. laufen in gleichmäßigem Tempo (in 8 Min. mehr als 1 200 m laufen)
☐ Sich ohne Handbenutzung aus dem Stand hinknien und wieder aufstehen	☐ Über einen Gymnastikstab (1 m) steigen. Den Stab jeweils an den Enden mit den Händen festhalten. Mit beiden Beinen nacheinander über den Stab und wieder zurück steigen, ohne ihn loszulassen. Danach den Stab über den Kopf nach hinten bis zum Gesäß und wieder zurück führen, ohne ihn loszulassen.	
☐ Einen hüfthohen Kasten ohne Hilfe überklettern.		
	☐ Seitliches Hin- und Herspringen (mit beiden Beinen gleichzeitig) über ein Seil (in 15 Sek. 30 mal)	
	Grundfähigkeiten der Körperhaltung	**Komplexe Koordinationsleistungen**
	☐ Durch den Raum aufrecht gehen	☐ Gezielter Einsatz von Körperteilen
	☐ Sich in der Bauchlage über eine Bank ziehen	☐ Zielkontrolle bei Aufgaben regulieren
	☐ Aktives Hängen (mit freiem Schultergürtel) & Schaukeln an Ringen	☐ Muskelspannung bei Aufgaben regulieren
	☐ Hochziehen an Seilen	☐ Aufgaben unter Zeitdruck lösen
	☐ Aktives Stützen auf Barrenholmen	☐ Aufgaben mit geschlossenen Augen lösen
	☐ Aufrollen	☐ 8-10 flüssige Hampelmannsprünge
	☐ In Rückenlage auf dem Rollbrett fahren und dabei den Kopf und Oberkörper leicht anheben	
	☐ In Bauchlage auf dem Rollbrett fahren und dabei die Beine strecken und den Kopf in Verlängerung der Wirbelsäule halten	
	☐ Hüpfen und Springen (Hüpfspiele)	
	☐ Über- und Durchwinden	
	☐ Beim Gehen oder im Grätschsitz einen Gymnastikball um den Körper rollen	

Balster, K./Schilf, F.: Kompetenzen von Kindern erkennen

Beispiele zur Grobeinschätzung der Normalentwicklung motorischer Fähigkeiten als Grundlagen der Handlungsplanung/-steuerung

4 Jahre	6 Jahre	8 Jahre
Körperwahrnehmung/Körperschema/ Körperbild	**Körperwahrnehmung/Körperschema/ Körperbild**	**Körperwahrnehmung/Körperschema/ Körperbild**
☐ 9-10 Körperteile am eigenen Körper zeigen und nach Ansage benennen	☐ 14-16 Körperteile am eigenen Körper zeigen und benennen	☐ 20-24 Körperteile am eigenen Körper zeigen und benennen
☐ Körpergrößenausmaße wahrnehmen	☐ Körperausdehnungsmaße und Körpergrenzen wahrnehmen	☐ Körperteile benennen, die sich durch Beugen und Strecken verändern
☐ Körperhaltungen kontrollieren	☐ Körperhaltungen bei Bewegungen im Stand kontrollieren	☐ Körperhaltungen bei Bewegungen mit unterschiedlichen Tempi kontrollieren
☐ Körpergefühle ausdrücken	☐ Gefühle nachspielen	☐ Auf äußere Gefühle reagieren, sie benennen
☐ 2 unterschiedliche Körpergefühle ausdrücken	☐ 4-6 unterschiedliche Körpergefühle ausdrücken	☐ Erlebnis- und Ausdrucksmöglichkeiten des Körpers einsetzen und benennen (Pantomime)
Zeitwahrnehmung	**Zeitwahrnehmung**	**Zeitwahrnehmung**
☐ Gleichzeitige Bewegungen mit den Händen oder Füßen ausführen	☐ Gleichzeitige Bewegungen nachmachen	☐ Gleichzeitige Bewegungen in einer Gruppe ausführen
☐ Bewegungen in einer kurzen Zeitdauer ausführen	☐ Bewegungen in einer längeren Zeitdauer ausführen	☐ Bewegungen in wechselnder Zeitdauer ausführen
☐ 2 verschiedene Bewegungsgeschwindigkeiten ausführen	☐ 3-4 verschiedene Bewegungsgeschwindigkeiten ausführen	☐ Bewegungstempi verschiedenen Materialien anpassen
☐ Sich 2 versch. Rhythmen anpassen und in Bewegung umsetzen	☐ Sich 3-4 verschiedenen Rhythmen anpassen und in Bewegung umsetzen	☐ Einen Rhythmus einhalten (z.B. Überlaufen und Überspringen von Hindernissen)
☐ Zeitliche Reihenfolge (2 Folgen) in Bewegung erfahren	☐ Zeitliche Reihenfolge (3 Folgen) in Bewegung umsetzen	☐ Zeitliche Reihenfolge (4-5 Folgen) in Bewegung umsetzen
Raumwahrnehmung	**Raumwahrnehmung**	**Raumwahrnehmung**
☐ Sich auf Raumlinien bewegen	☐ Sich auf 3 Raumlinien bewegen	☐ Sich auf Raumlinien bewegen und 3 benennen
☐ Sich in 2 Raumrichtungen bewegen	☐ Sich in 3 Raumrichtungen bewegen	☐ Sich in Raumrichtungen bewegen und 3 benennen
☐ Sich auf 2 Raumwegen bewegen	☐ Sich auf 3 Raumwegen bewegen	☐ Sich auf Raumwegen bewegen und 3 benennen
☐ 2 Raumausdehnungen unterscheiden	☐ 4 Raumausdehnungen unterscheiden	☐ 6 Raumausdehnungen unterscheiden und davon vier benennen
		☐ Raumausdehnungen einschätzen
☐ 2 Raumlagen mit seinem Körper einnehmen	☐ 4 Raumlagen einnehmen	☐ 5-6 Raumlagen zu Objekten einnehmen, davon vier benennen
Seitigkeitsfähigkeit/-sicherheit	**Seitigkeitsfähigkeit/-sicherheit**	**Seitigkeitsfähigkeit/-sicherheit**
☐ Bewegungen beidseitig symmetrisch ausführen	☐ Bewegungen symmetrisch in wechselnde Richtungen ausführen	☐ Sich symmetrischen Bewegungen anpassen
☐ Bewegungen mit beiden Händen/Füßen ausführen	☐ Integration beider Hände/Füße bei unterschiedlichen Aufgaben	☐ Integration beider Körperseiten in Bewegung
☐ Überkreuzbewegungen ausführen	☐ Abwechselnde Überkreuzbewegungen mit den Armen und Beinen ausführen	☐ Gleichzeitige Überkreuzbewegungen
	☐ Mit der/dem dominanten Hand/Fuß handeln, z.B. Gegenstände wie Kartons balancieren	☐ Mit dem/der dominanten Fuß/Hand handeln, z.B. um Slalomstangen Bälle führen
	☐ Rechts-Links (mit Markierungshilfen/Kreuz auf d. dominanten Seite) unterscheiden	☐ Rechts-Links unterscheiden und benennen
Handlungsplanung	**Handlungsplanung**	**Handlungsplanung**
☐ vorgegebene Bewegungsfolgen ausführen	☐ 3 Bewegungsfolgen planen und ausführen	☐ 4 Bewegungsfolgen nach einer sprachlichen Vorgabe (Planung) ausführen

Beispiele zur Grobeinschätzung der Normalentwicklung grundlegender motorischer Fertigkeiten

4 Jahre	6 Jahre	8 Jahre
Balancieren, Drehen/Kreisen, Hängen/ Hangeln, Klettern/Steigen, Wälzen/ Rollen, Rutschen, Stützen/Stützsprünge, Schaukeln/Schwingen	**Balancieren, Drehen/Kreisen, Hängen/Hangeln, Klettern/Steigen, Wälzen/Rollen, Rutschen, Stützen/Stützsprünge, Schaukeln/Schwingen**	**Balancieren, Drehen/Kreisen, Hängen/ Hangeln, Klettern/Steigen, Wälzen/ Rollen, Rutschen, Stützen/Stützsprünge, Schaukeln/Schwingen**
☐ Über eine Langbank vorwärts und rückwärts balancieren	☐ Über eine Langbank rückwärts mit Drehungen balancieren	☐ Über eine umgedrehte Langbank (schmale Seite) vorwärts und rückwärts balancieren
☐ Auf einem Bein stehen (3-5 Sek.)	☐ Auf einem Bein stehen (8-10 Sek.)	☐ Mit geschlossenen Augen auf einem Bein stehen (6-8 Sek.)
☐ Sich mit einem Kreisel drehen	☐ Sich auf dem Rollbrett drehen	☐ Mit dem Tau (Trapez) ein- und ausdrehen
☐ Hängen an Leitern, Tauen, Ringen, am Reck, Barrenholm	☐ An Geräten hangeln	☐ An schräg gestellten Holmen hangeln
☐ Klettern/Steigen an Leiter, Treppe, Sprossenwand (hüfthoch; aufwärts im Wechselschritt, abwärts im Nachstellschritt)	☐ An der Gitterleiter senkrecht klettern	☐ An der Gitterleiter senkrecht, waagerecht, diagonal klettern (Wanderklettern)
☐ Klettern über hüfthohe Hindernisse	☐ 2 Treppenstufen auf einmal nehmen	
☐ Rolle vorwärts auf der schiefen Ebene	☐ Rolle vorwärts auf dem Boden	☐ Rolle rückwärts auf leichter schiefer Ebene
☐ Um die Körperlängsachse rollen (wälzen)		
☐ Rutschen über eine schräg gestellte Langbank	☐ Kopfüber rutschen	
☐ Stützen mit Unterstützung (z.B. Schubkarre)	☐ Stützen am Barren	☐ Sprung in den Seitstütz am Barren
☐ Ab-, Nieder-, Stützsprünge an kleinen Kästen	☐ Radeln über Bänke	☐ Rad ohne Geländehilfe
	☐ Zappelhandstand	☐ Grätschstützhüpfen an Bänken
	☐ Hockwende über niedrige Kästen	
☐ Schaukeln im Sitz (Trapez)	☐ Schaukeln am Trapez, Tau, an den Ringen	☐ Schaukeln am Klettertau, an Ringen mit Drehungen
	☐ Schwingen am Reck, Barren	
	☐ Laufen-Wälzen (Kombinationsaufgaben)	☐ Laufen-Rollen (Kombinationsaufgaben)
		☐ Laufen-Klettern (Kombinationsaufgaben)
Gehen/Laufen, Hüpfen/Springen, Schlagen/Werfen, Schießen	**Gehen/Laufen, Hüpfen/Springen, Schlagen/Werfen, Schießen**	**Gehen/Laufen, Hüpfen/Springen, Schlagen/Werfen, Schießen**
☐ Nachlaufen	☐ Schattenläufe	
☐ Hindernislauf über 20 cm hohe Hindernisse	☐ Hindernislauf über 40 cm hohe Hindernisse	
	☐ Orientierungslauf	
☐ Mehrmaliges ein-/beidbeiniges Hüpfen vorwärts (6-8 mal)	☐ Fortlaufendes ein-/beidbeiniges Hüpfen vorwärts (über 8-10 m oder 10-12 mal)	☐ Fortlaufendes ein-/beidbeiniges Hüpfen (mehr als 20 mal)
	☐ Fortlaufendes ein-/beidbeiniges Hüpfen rückwärts (über 5 m)	
	☐ Standdrehsprünge (mit 1/2 bis 1/4 Körperlängsdrehung)	☐ Standdrehsprünge (mit 1/2 Drehung)
	☐ Wechselhüpfen (Hopserlauf)	☐ Betonter Hopserlauf
☐ Niedersprünge vom hüfthohen Kasten	☐ Einbeinspringen (über 10 cm hohe Hindernisse)	☐ Niedersprünge von der Bank (mit 1/2 Drehung)
☐ Mehrmaliges Hin- und Herspringen	☐ Weitsprünge mit Anlauf (über 1 m)	☐ Einbeinspringen (über 20 cm hohe Hindernisse)
☐ Weite Schlusssprünge (über 30 cm)	☐ Weite Schlusssprünge (über 80 cm)	☐ Weite Schlusssprünge (über 1,30 m)
	☐ Seilchenspringen (6-8 mal)	☐ Seilchenspringen (10-15 mal)
☐ Ball mehrmals mit der Hand hochschlagen	☐ Ball mehrmals mit der Hand gegen die Wand schlagen	☐ Ball zum Partner schlagen (3-5 m Abstand)
☐ Zielwürfe aus dem Stand mit einem Tennisball auf einen in 1-2m Abstand in Augenhöhe befindlichen Reifen	☐ Zielwürfe aus der Standstellung auf bewegliche Ziele 4-6 m Abstand	☐ Zielwürfe aus der Bewegung (4-5 m zum Ziel)
☐ Weitwurf mit einem Tennisball (über 5 m)	☐ Weitwurf (über 10 m)	☐ Weitwurf (über 15 m)
	☐ Schlagwürfe im Stand	☐ Schlagwürfe mit Anlauf
☐ Mit einem Fußball einen in 2-3 m Abstand stehenden kleinen Kasten treffen; aus der ruhenden Ballsituation	☐ Zielschießen auf einen in 4-6 m Abstand stehenden kleinen Kasten; aus der ruhenden Ballsituation	☐ Zielschießen aus der geführten Ballsituation auf ein in 8-10 m Abstand stehendes 3 m breites Tor
☐ Weitschießen mit einem Fußball (über 10 m)	☐ Weitschießen (über 15 m)	☐ Weitschießen (über 20 m)
	☐ Laufen-Springen (Kombinationsaufgaben)	☐ Laufen-Werfen/Schießen (Kombinationsaufgaben)

Balster, K./Schilf, F.: Kompetenzen von Kindern erkennen

Beispiele zur Grobeinschätzung der Normalentwicklung grundlegender motorischer Fertigkeiten

4 Jahre	**6 Jahre**	**8 Jahre**
Ziehen/Schieben, Heben/Tragen, Raufen/Ringen	**Ziehen/Schieben, Heben/Tragen, Raufen/Ringen**	**Ziehen/Schieben, Heben/Tragen, Raufen/Ringen**
☐ Gegenstände ziehen, schieben ☐ Gegenstände hochheben und tragen	☐ Ein anderes Kind ziehen, schieben ☐ Mehrere Gegenstände gleichzeitig hochheben und tragen ☐ Spiele auf dem Boden (z.B. Schiebekämpfe)	☐ Zieh- und Schiebespiele ☐ Einen Partner aus der Bankstellung „heben" oder Gegenstände tragen ☐ Spiele im Stand (z.B. Hahnenkampf)
Fahren, Gleiten/Rutschen, Rollen	**Fahren, Gleiten/Rutschen, Rollen**	**Fahren, Gleiten/Rutschen, Rollen**
☐ Fahren mit dem Rollbrett ☐ Fahren mit dem Roller ☐ Fahrrad fahren mit 1-2 Stützrädern (Dreirad) ☐ Gocard fahren ☐ Rutschen/Gleiten mit Teppichfliesen ☐ Schlitten fahren ☐ Sich mit Rollschuhen bewegen	☐ Pedalo fahren ☐ Fahrrad fahren ☐ Rutschen/Gleiten auf schiefen Ebenen ☐ Gleiten auf Schlittschuhen ☐ Rollschuhlaufen ☐ Auf Inline-Skatern rollen	☐ Skateboard fahren ☐ Schlittschuhlaufen ☐ Auf Inline-Skatern in alle Bewegungsrichtungen rollen
Grundfertigkeiten für das Bewegen im Wasser	**Grundfertigkeiten für das Bewegen im Wasser**	**Grundfertigkeiten für das Bewegen im Wasser**
Vielseitige Wassergewöhnung (in hüft-/brusttiefem Wasser)	*Wassersicherheit erlangen*	*Vertiefende Bewegungserfahrungen sammeln*
☐ Spielen mit und ohne Gerät ☐ Gegen Wasserwiderstand ausatmen ☐ Tauchen ☐ Auftreiben ☐ Springen fußwärts ☐ Gleiten	☐ Laufen mit Armbewegungen ☐ Auftriebsübungen mit Drehungen um die Längs- und Tiefen-Körperachse ☐ Auftreiben und Gleiten mit Pendelbewegungen der Hände ☐ Auftreiben und Gleiten mit Schlagbewegungen der Beine ☐ Tauchen mit Ortsveränderung ☐ Zieltauchen (Wasser schultertief) ☐ Springen fußwärts ☐ Eine Schwimmart können	☐ Stabilisierung einer Schwimmart ☐ Einführung in weitere Schwimmarten ☐ Fußsprünge vom 1 m-Brett ☐ Einführung in Sprünge kopfwärts
Gymnastische und tänzerische Grundfertigkeiten	**Gymnastische und tänzerische Grundfertigkeiten**	**Gymnastische und tänzerische Grundfertigkeiten**
☐ Sich unterschiedlich fortbewegen ☐ 2 unterschiedliche Fortbewegungsarten verbinden ☐ Einfache Nachahmungen, Imitationen, z.B. Tiere ☐ Einfache Bewegungen mit Kleingeräten/Handgeräten/Materialien ausführen ☐ Mit verschiedenen Handgeräten spielen ☐ Nach taktgebundenen Klangstücken oder Liedern sich frei bewegen ☐ Feste rhythmische Abläufe nach Musik nachmachen	☐ Sich in unterschiedlichen Bewegungsgeschwindigkeiten fortbewegen ☐ 3 unterschiedliche Fortbewegungsarten verbinden ☐ 3 unterschiedliche Raumwege finden und sich darauf bewegen ☐ Nachahmungen, Imitationen, z.B. Menschentypen, Berufe ☐ Bewegungen mit verschiedenen Objekten ausführen ☐ Mit verschiedenen Handgeräten/Materialien spielen ☐ Nach taktgebundenen Abläufen sich frei bewegen ☐ Feste rhythmische Abläufe nach Musik einhalten ☐ Zu feststehenden Liedern einfache Bewegungsabläufe finden und wiederholen	☐ Sich in schnell wechselnden Bewegungsgeschwindigkeiten fortbewegen ☐ 4-5 unterschiedliche Fortbewegungsarten verbinden ☐ 3 unterschiedliche Raumwege finden, sich darauf bewegen und zwei davon benennen ☐ Spiegelbildliche Imitationen von Partnerbewegungen ☐ Ausprägungsformen von Bewegung selbst finden ☐ Bewegungen mit verschiedenen Objekten mit schnellem Tempi-Wechsel ausführen ☐ Mit verschiedenen Handgeräten gestalten ☐ Taktgebundene Abläufe zu Formen gestalten (z.B. Figuren laufen) ☐ Feste rhythmische Abläufe nach Musik finden und zu einem wiederholbaren Ablauf zusammenstellen ☐ Zu feststehenden Liedern Bewegungsabläufe finden und wiederholen ☐ Koordinationsformen von Bewegungen und Geräten/Bewegungen und Musik

Beispiele zur Grobeinschätzung der Normalentwicklung grundlegender motorischer Fertigkeiten

4 Jahre	6 Jahre	8 Jahre
Grundfertigkeiten für das Spielen mit Alltagsmaterialien, Spiel- und Sportgeräten	**Grundfertigkeiten für das Spielen mit Alltagsmaterialien, Spiel- und Sportgeräten**	**Grundfertigkeiten für das Spielen mit Alltagsmaterialien, Spiel- und Sportgeräten**
☐ Spielen, Bauen mit Materialien	☐ Gestalten mit Materialien	☐ Bauen/Gestalten mit Geräten und Materialien
☐ Mit Gegenständen hantieren (z.B. rollen, prellen)	☐ Mit Gegenständen am Ort spielen (z.B. werfen-fangen, schießen-stoppen)	☐ Gegenstände im Raum bewegen (z.B. fortlaufend prellen)
Grundfertigkeiten für das Spielen ohne Gegenstände	**Grundfertigkeiten für das Spielen ohne Gegenstände**	**Grundfertigkeiten für das Spielen ohne Gegenstände**
☐ Platzsuchspiele, z.B. „Der Plumpsack geht um!"	☐ Platzsuchspiele, z.B. „Hundehütte"	☐ Platzsuchspiele, z.B. „Komm mit – Lauf weg!"
☐ Suchspiele	☐ Versteckspiele	☐ Orientierungsspiele
☐ Fangspiele, z.B. „Fang die Schlange"	☐ Fangspiele, z.B. „Schwänzchenfangen"	☐ Fangspiele, z.B. „Tag-Nacht"
☐ Kraft-/Gewandtheitsspiele, z.B. „Füße weg"	☐ Kraft-/Gewandtheitsspiele, z.B. „Zieh-/Schiebekampf"	☐ Kraft-/Gewandtheitsspiele, z.B. „Hahnenkampf"
☐ Darstellungsspiele (z.B. „Bibabutzemann")	☐ Spiellieder (z.B. Eisenbahnspiele)	☐ Tanzspiele (z.B. Trampelpolka)
Grundfertigkeiten für das Spielen mit einem Ball und mit Schläger und Ball	**Grundfertigkeiten für das Spielen mit einem Ball und mit Schläger und Ball**	**Grundfertigkeiten für das Spielen mit einem Ball und mit Schläger und Ball**
☐ Einen Ball mehrmals mit der Hand hochschlagen	☐ Ball mehrmals mit der Hand gegen die Wand schlagen (Abstand bis 2 m)	☐ Ball in Ziele schlagen (Abstand 4-5 m)
☐ Einen Ball mehrmals zu Boden prellen (mit beiden Händen, noch nicht flüssig)	☐ Fortlaufendes Ballprellen (5 mal)	☐ Fortlaufendes Ballprellen (10 mal)
☐ Körperfang (brusthoch)	☐ Freies Fangen im Stand	☐ Freies Fangen in der Bewegung
	☐ Spielen mit einem Partner (Abstand 4-6 m) im Stand	☐ Spielen mit einem Partner in der Bewegung (Abstand 3-5 m)
☐ Einen Ball mit dem Fuß bewegen	☐ Mit dem Fuß einen Ball führen (über 10 m)	☐ Mit dem Fuß einen Ball um Hindernisse führen
☐ Einen zugerollten Ball mit dem Fuß stoppen	☐ Einen zugespielten Ball am Ort mit dem Fuß anhalten und zur Ruhe bringen	☐ Einen zugespielten Ball in der Bewegung mit dem Fuß an- und mitnehmen
☐ Mit einem Ball einen in 2-3 m Abstand stehenden kleinen Kasten treffen; aus der ruhenden Ballsituation	☐ Zielschießen auf einen in 4-6 m Abstand stehenden kleinen Kasten; aus der ruhenden Ballsituation	☐ Zielschießen aus der geführten Ballsituation auf ein in 8-10 m Abstand stehendes 3 m breites Tor
☐ Ballspiele ohne Partner	☐ Ballspiele mit Partner	☐ Ballspiele mit Störer
☐ Bälle mit Schlägern schlagen	☐ Alleine mit Ball und Schläger spielen	☐ Mit einem Partner spielen

Balster, K./Schilf, F.: Kompetenzen von Kindern erkennen

8. Instrument zur Feststellung graphomotorischer Kompetenzen

8.1 Entwicklungspsychologischer Erwerb graphomotorischer Kompetenzen

(Entwickelt in Anlehnung an FISCHER/WENDLER 1994, SCHILLING 1994)

Alltags-fertigkeiten	Sensorische Kompetenzen	Graphomotorische Kompetenzen
Handeln/ Spielen ↓ **Malen** ↓ **Schreiben**	**Sensomotorische Grundkompetenzen** *Sensorische Kompetenzen* ○ Taktile Wahrnehmung ○ Kinästhetische Wahrnehmung ○ Vestibuläre Wahrnehmung ○ Visuelle Wahrnehmung *Motorische Kompetenzen* ○ Muskeltonuskontrolle ○ Augenkontrolle ○ Körperschemaerfahrung *Seitigkeitssicherheit* ○ Integration beider Hände ○ Kreuzen der Mittellinie ○ Dominanz einer Seite *Handgeschicklichkeit* ○ Handgelenk-Finger-Differenzierung ○ Fingerdifferenzierung ○ Zusammenarbeit Finger-Daumen ↓ **Sensomotorische Handlungskompetenzen** ○ Handlungsplanung ○ Auge-Hand-Koordination ○ Differenzierte Körperteil-Kontrolle ▸ Schulter-/Ellenbogengelenk-/Unterarmbeteiligung ▸ Handgelenk ▸ Finger	**Graphomotorische Grunderfahrungen** ○ Graphomotorische Grundelemente (Punkte, Striche, Bögen, Kreise) ▸ Kritzeln (großräumige zu kleinräumigen Bewegungen) ▸ Striche (frei zu gebunden) ▸ Zielstriche ziehen (Linien ohne bestimmten Anfangs- und Endpunkt) ▸ Punkte (freies Punktieren zu Zielpunktieren) ▸ Bögen (große zu kleinen Bögen) ▸ Kreise (zusammengesetzte Bögen) ○ Gestaltanordnung von Grundelementen (Anordnungen – Seifenblasen) ▸ Zielpunktieren ○ Komplexe graphomotorische Muster (Überschneidungen – Zäune) ▸ Kombination und Muster ↓ **Graphomotorische Einzelkompetenzen – Strichführung –** *Strichführung ohne Umkehrpunkt* ○ Abstrich (senkrecht von oben nach unten) ○ Aufstrich ○ Strich nach rechts ○ Strich nach links ○ kreisförmig nach links (innen nach außen) ○ kreisförmig nach rechts (von außen nach innen) ○ Strich von links unten nach rechts oben ○ Strich von rechts oben nach links unten ○ Strich von rechts unten nach links oben ○ Strich von links oben nach rechts unten ○ Punktieren/Zielpunktieren *Strichführung mit Umkehrpunkten* (Schreibbuchstaben)

8.2 *Feststellung graphomotorischer Kompetenzen*

Name:_____ **geb.:**_____

○ **Sensomotorische Voraussetzungskompetenzen**

○ **Graphomotorische Handlungskompetenzen**
    ○ **Handlungsvoraussetzungen**
    ○ **Handlungsdurchführung und -kontrolle**

BEMERKUNGEN

_____

_____

_____

_____

_____

_____

_____

_____

_____

_____

_____

_____

Sensomotorische Voraussetzungskompetenzen (8.2.1)

○ Taktile Wahrnehmung

○ Kinästhetische Wahrnehmung

○ Vestibuläre Wahrnehmung

○ Visuelle Wahrnehmung

○ Muskeltonuskontrolle

○ Augenkontrolle

○ Körperschemaerfahrung

○ Seitigkeitsfähigkeit/-sicherheit

○ Zeitwahrnehmung

○ Raumwahrnehmung

○ Motorische Grundfähigkeiten

○ Koordinative Grundfähigkeiten

○ Handbeweglichkeit

○ Komplexe Koordinationsfähigkeiten

○ Handlungsplanung

Graphomotorische Handlungskompetenzen (8.2.2)

Handlungsvoraussetzungen

○ Sitzhaltung

○ Sitzplatzposition

Handlungsdurchführung und -kontrolle

○ Steuerung der Hände/Finger

○ Steuerung des Schreibgerätes/der Arbeitsgeräte/der Materialien

8.2.1 Sensomotorische Voraussetzungskompetenzen

Das Kind kann ...☒

⬤ **Taktile Wahrnehmung**
  ○ Eigenschaften (Größe, Form, Oberfläche) von Objekten unterscheiden (groß – klein, rund – eckig, glatt – rau)
  ○ Druckempfindungen (Stifthalten, Schreiben) differenzieren
  ○ Stift/Zirkel/Lineal sicher halten (Objekt-Grund-Differenzierung)
  ○ gleiche Eigenschaften/ Konstante (alle rund) erkennen und ordnen (sortieren)
  ○ Gewichte unterscheiden
  ○ Arbeitsmaterialien (Stift, Lineal, Bausteine) nach ihrer Festigkeit unterscheiden
  ○

⬤ **Kinästhetische Wahrnehmung**
  ○ Muskelspannungen auf- und abbauen (Stift-/Linealhaltung und -führung)
  ○ Gelenkstellungen wahrnehmen und unterscheiden (Stifthaltung und -führung/ -richtung)
  ○ Körperraumlagen/-positionen halten und verändern (Wahrnehmung des Geschriebenen)
  ○ Krafteinsätze/-dosierungen regulieren (Stift-/Linealhaltung und -führung)
  ○

⬤ **Vestibuläre Wahrnehmung**
  ○ Körperhaltungen (statisch/dynamisch) sichern (Geschriebenes erkennen; eigenes Handeln sichern)
  ○ sich auf Beschleunigungen, Richtungs- und Drehänderungen einstellen (Abschreibprozesse steuern)
  ○ Blicke regulieren (Zahlen erkennen, Objekte identifizieren)
  ○ sich mit dem Körper im Raum orientieren (räumliche Beziehungen eingehen und Raumlagen deuten können; Positionsbestimmungen)
  ○

⬤ **Visuelle Wahrnehmung**
  ○ Eigenschaften unterscheiden (Farbe, Form, Größe, Menge, Position)
  ○ Blickregulationen vornehmen (Verfolgung von Buchstaben und Zahlen, geometrischen Formen)
  ○ Auge-Hand-Bewegungen koordinieren
  ○ Figur-Hintergrund-Differenzierungen vornehmen (Zeichen von der Tafel ins Heft übertragen)
  ○ Konstante erkennen (gleiche Formen erkennen)
  ○ Raumlagen erkennen
  ○ Räumliche Beziehungen herstellen (Reihenfolge/Serialität)
  ○

Das Kind kann ...🗵

● **Muskeltonuskontrolle**

○ den Krafteinsatz des Körpers und der Hände differenzieren
○ den Krafteinsatz des Körpers und der Hände gleichmäßig dosieren und halten
○ die Finger- und Daumentonuskontrolle differenziert einsetzen (Stifthaltung)
○

● **Augenkontrolle**

○ beide Augen koordinieren
○ mit den Augen Zeichen fixieren
○ Zeichen durch Augensprünge finden
○ Zeichen und Linien verfolgen
○ Zeichen suchen
○

● **Körperschemaerfahrung**

○ den eigenen Körper und seine Körperteile wahrnehmen, sich am Körper orientieren
○ Körpergrenzen durch Körperausdehnung wahrnehmen
○ Funktionen des Körpers und seiner Körperteile benennen
○

● **Seitigkeitsfähigkeit/-sicherheit**

○ beide Hände koordinieren (Halten des Blattes und schreiben)
○ die Mittellinie überkreuzen (Zahlenposition einhalten, Formendarstellung)
○ mit einer Hand sicher handeln (Dominanz einer Hand)
○ rechts-links unterscheiden (Raumrichtung)
○

● **Zeitwahrnehmung** (Voraussetzung für ein Nacheinander von Denkschritten)

○ Bewegungen (Körper/Hände) gleichmäßig ausführen
○ Bewegungen in unterschiedlichen Geschwindigkeiten ausführen (Schriftführung)
○ Bewegungen verschiedenen Rhythmen anpassen bzw. Rhythmen in Bewegung umsetzen (Schreibrhythmus, Eins-zu-Eins-Zuordnung)
○ Buchstaben-/Zahlenreihenfolgen einhalten
○

● **Raumwahrnehmung** (Voraussetzung für Beziehungen)

○ Raumlinien, -richtungen, -wegen folgen (oben – unten, hinten – vorne, links – rechts)
○ Raumlagen unterscheiden (Richtung der Zahlen)
○ Räumliche Beziehungen (Reihenfolgen) eingehen (Muster nachlegen)
○

● **Motorische Grundfähigkeiten**

○ bei Bewegungen Kraft differenziert einsetzen (umfängliches Handeln)
○ bei Bewegungen Ausdauer differenziert einsetzen (ökonomisches Handeln)
○ bei Bewegungen Beweglichkeit differenziert einsetzen (präzises Handeln)
○ bei Bewegungen Schnelligkeit differenziert einsetzen (Geschwindigkeitssteuerung beim Schreiben)
○

Das Kind kann...☒

▶ Koordinative Grundfähigkeiten

○ den Körper im Gleichgewichtszustand sicher halten (adäquate Gleichgewichtsfähigkeit)

○ auf Situationen und Signale schnell und sicher reagieren (Reaktionsfähigkeit)

○ einen selbst gesuchten Rhythmus halten (Rhythmusfähigkeit)

○ Zeit- und Raumorientierungen nutzen (Orientierungsfähigkeit)

○ Bewegungsanpassungen vornehmen (Differenzierungsfähigkeit)

○ Einzel-, Teilkörperbewegungen oder einzelne Bewegungsphasen sicher und zweckorientiert koordinieren (Kopplungsfähigkeit)

○ auf Handlungsveränderungen (gezielte Aufgaben) angemessen eingehen (Umstellungsfähigkeit)

○

▶ Handbeweglichkeit

○ die Finger isoliert bewegen (Fingerrechnen, Griffhaltung, Schreiben, Zeichnen)

○ die Finger-Handbeweglichkeit koordinieren (Falten, Schneiden, Linealumgang)

○

▶ Komplexe Koordinationsfähigkeiten

○ die Richtung und Führung von Bewegungen regulieren (differenzierte Muskelwahl beim Schreiben)

○ die Ausführung der Bewegungen regulieren (differenzierte Zielkontrolle/Steuerung beim Zeichnen)

○ die Orientierung, den Antrieb, die Ausführung und die Kontinuität der Handlung regulieren (genaue Muskelspannungsdosierung beim Schreiben)

○ Koordinationshandlungen unter Zeitdruck ausführen

○

▶ Handlungsplanung

○ Reihenfolgen einhalten (Zahlen untereinander schreiben)

○ Operationen verknüpfen

○ kreativ handeln

○

Balster, K./Schilf, F.: Kompetenzen von Kindern erkennen

8.2.2 Graphomotorische Handlungskompetenzen

Das Kind kann ... ⊠

Handlungsvoraussetzungen

◉ **Sitzhaltung**
- ○ die Körperhaltung kontrollieren
- ○ die Kopfhaltung kontrollieren
- ○ die Arm- und Handhaltung kontrollieren
- ○

◉ **Sitzplatzposition**
- ○ Raumpositionen zur Tafel sichern
- ○ den Körper zum Buch/zum Arbeitsblatt sichern
- ○

Handlungsdurchführung und -kontrolle

◉ **Steuerung der Hände/Finger**
- ○ den Schreibarm/die Schreibhand angemessen einsetzen
- ○ die „Linealhand" angemessen einsetzen
- ○ die Finger angemessen einsetzen
- ○ die Orientierungshand (die nicht schreibende Hand) angemessen nutzen
- ○

◉ **Steuerung des Schreibgerätes/der Arbeitsgeräte/der Materialien**
- ○ eine angemessene Stiftauswahl vornehmen
- ○ Geräteeigenschaften unterscheiden
- ○ mit Materialien umgehen (Bausteinen)
- ○ Griffhaltung/Stifthaltung (Kraft, Richtung) kontrollieren
- ○ Stifte und Arbeitsgeräte angemessen handhaben (Lineal, Dreieck, Zirkel, Schere)
- ○ Stift-/Linienführung angemessen vornehmen (Genauigkeit, Zielfähigkeit)
- ○ Richtungen einhalten und Richtungsänderungen kontrollieren (beim Schreiben, Zeichnen)
- ○ Schreibdruck steuern (Kraft, Dauer, Spannungsregulation)
- ○ Schreibtempo, Schreibbeschleunigung, -abbremsung und -rhythmus kontrollieren
- ○ Schreibadaptionen (Ziellineatur) kontrollieren
- ○ Schreib-Bewegungsfolgen (Fluss) kontrollieren
- ○ Handlungsqualitäten kontrollieren (Form, Richtung beim Schreiben und Zeichnen)
- ○ Schreibbewegungs-/Formenmuster (Formkonstanz der Zeichen) sicher ausführen
- ○ Lernhilfen nutzen (Schablonen)
- ○ Formate und Lineaturen angemessen nutzen
- ○

9. Instrument zur Feststellung schriftsprachlicher Kompetenzen

9.1 Entwicklungspsychologischer Erwerb schriftsprachlicher Kompetenzen

9.1.1 Entwicklungspsychologischer Erwerb von Lesekompetenzen
(Modifiziert nach SCHEERER-NEUMANN/VALTIN 2000, GANSER 2000, SCHEERER-NEUMANN 1997, FRITH 1985)

Ganzheitliches Wortbild-erkennen	Nachahmen; Wiederholen oder Erfinden von Wörtern, Geschichten, Signalwörtern
Naiv-ganzheitliches Lesen/ Logographisches Lesen	Noch keine Einsicht in Buchstaben-Laut-Beziehung; Wiedererkennen von Wortbildern anhand einzelner Buchstaben (Wissen, dass Zeichen für etwas stehen), visuelle Merkmale; ganzheitliches Wortlesen (vom visuellen Eindruck zur Bedeutung; gemerkt wird Form und Anordnung von Zeichen, ohne Einsicht in und ohne Zuordnung von Phonem-Graphem-Korrespondenz), direktes Worterkennen, häufig am ersten Buchstaben orientiert
Synthetisiertes Lesen/ Alphabetisch-sequenzielles Lesen	Buchstabenweise Erlesen von Silben, Kurzwörtern, Wörtern, Buchstaben werden einzeln erkannt und den zugehörigen Lauten zugeordnet; Laut-Buchstaben-Beziehung besteht; meist noch keine Bedeutungsentschlüsselung G-a-r-t-e-n; offenes Lesen, es wird synthetisiert, ohne Wort manchmal zu kennen; inhaltlich zu kennen; auch unbekannte Wörter in Laute übersetzt, aber oft ohne Sinn; Laut für Laut werden geschrieben
Morphematisches Lesen	Durch aktiven Umgang mit der Schriftsprache können häufige Buchstabenverbindungen und Wortsegmente automatisiert gelesen werden
Sinnentnehmendes Lesen	Stärkere Orientierung auf den Inhalt; Sinndeutung; entfaltetes Lesen unbekannter Texte
Orthographisches Lesen	Phonem-Graphem-Korrespondenzen befolgen orthographische Regeln (Interpunktionsregeln); Orthographische Phänomene werden erkannt

9.1.2 Entwicklungspsychologischer Erwerb von Rechtschreib-
kompetenzen

(Modifiziert nach VALTIN 2000, GANSER 2000, BRÜGGELMANN 1988)

Willkürliches Schreiben/ Nachahmungsschreiben/ Wortbildschreiben		Kritzeln, keine Buchstabenkenntnis, Buchstaben-/Wortbilder werden ohne Lautbezug geschrieben
Logographisches Schreiben		Kenntnis einzelner Buchstaben anhand figuraler Merkmale, Merken der Form und Anordnung von Zeichen, ohne Einsicht in und ohne Zuordnung von Phonem-Graphem-Korrespondenzen; Aneinanderreihen von Buchstaben, ohne Lautung der Wörter
Einzellaut-Schreiben		Beginnende Einsicht in den Buchstaben-Laut-Bezug; Kenntnis einiger Buchstaben, Laute; Schreiben von einzelnen Lautelementen; einzelne Laute korrekt abgebildet
Mehrlaut-Schreiben/ Alphabetisches Schreiben		Mehr-Laut-Schreibung, fast lautgetreu (Skelettschreibungen); Einsicht in die Buchstaben-Laut-Korrespondenz; Phonetisches Schreiben – „Schreibe wie du sprichst"; Orientierung an der eigenen Artikulation
Lautgetreues Schreiben		Sichere Phonem-Graphem-Korrespondenz
Morphematisches Schreiben		Nutzen häufiger Buchstabenverbindungen; orthographische Muster; Wortsegmente werden automatisch geschrieben; Ableitung von Wortstämmen gelingt
Orthographisches Schreiben		Phonem-Graphem-Korrespondenzen befolgen orthographische Regeln (Groß-/Kleinschreibung, Dehnung, Schärfung)
Entfaltetes Schreiben		Sichere Anwendung orthographischer Kenntnisse; freies Schreiben; Dudenschreibweise; Berücksichtigung linguistischer Aspekte wie Wortart, Herleitung, Satzgrammatik, Satzart

9.2 Feststellung schriftsprachlicher Kompetenzen

Name: _____ **geb.:** _____

○ Sensomotorische Voraussetzungskompetenzen

○ Lernvoraussetzungskompetenzen

○ Schriftsprachliche Eingangskompetenzen

○ Schriftsprachliche Kompetenzen

BEMERKUNGEN

_____

_____

_____

_____

_____

_____

_____

_____

_____

_____

_____

_____

_____

  Balster, K./Schilf, F.: Kompetenzen von Kindern erkennen

Sensomotorische Voraussetzungskompetenzen (9.2.1)

○ **Auditive Wahrnehmung**

○ **Visuelle Wahrnehmung**

○ **Augenkontrolle**

○ **Taktile Wahrnehmung**

○ **Kinästhetische Wahrnehmung**

○ **Vestibuläre Wahrnehmung**

○ **Sprachlautkontrolle/Mundkontrolle**

○ **Körperschemaerfahrung**

○ **Seitigkeitsfähigkeit/-sicherheit**

○ **Handgeschicklichkeit**

○ **Zeitwahrnehmung**

○ **Raumwahrnehmung**

○ **Handlungsplanung**

Lernvoraussetzungskompetenzen (9.2.2)

○ **Graphomotorische Kompetenzen**
  ○ Handlungsvoraussetzungen
    ○ Sitzhaltung
    ○ Sitzplatzposition
  ○ Handlungsdurchführung und -kontrolle
    ○ Steuerung der Hände/Finger
    ○ Steuerung des Schreibgerätes/der Arbeitsgeräte/der Materialien
○ **Individuelle Lern- und Arbeitskompetenzen**
  ○ Umgang mit äußeren Bedingungen
  ○ Arbeitsverhalten
  ○ Lernverhalten/Lernbereitschaft

Schriftsprachliche Eingangskompetenzen (9.2.3)

○ **Grundlegendes Verständnis für Sprache**
○ **Sprachwahrnehmungsleistungen**
  ○ Kinästhetisch-artikulatorische Differenzierung
  ○ Optisch-graphomotorische Differenzierung
  ○ Akustisch-phonematische Differenzierung
  ○ Melodisch-intonatorische Differenzierung
  ○ Rhythmische Differenzierung

Schriftsprachliche Kompetenzen (9.2.4)

- ○ **Kommunikative Grundfähigkeiten**
  - ○ Dialogfähigkeit
  - ○ Fähigkeiten in der Grammatik
  - ○ Fähigkeiten in der Syntax
  - ○ Fähigkeiten in der Semantik
- ○ **Sprachverarbeitung**
  - ○ Graphemische Informationsverarbeitung
  - ○ Phonologische Informationsverarbeitung
- ○ **Sprachverstehen**
  - ○ Rezeptive Sprachverständigung
  - ○ Expressive Sprachverständigung
- ○ **Sprachgedächtnis/Wortschatz**
  - ○ Passiver Wortschatz
  - ○ Aktiver Wortschatz
- ○ **Lesen**
  - ○ Laut-/Buchstabensicherheit
    - ○ Lautsicherheit
    - ○ Buchstabensicherheit
  - ○ Wortsicherheit
    - ○ Funktionelles Lesen
    - ○ Sinnentnehmendes Lesen
  - ○ Satz-/Textsicherheit
  - ○ Umgang mit Lesestrategien
- ○ **Rechtschreiben**
  - ○ Laut-/Buchstabensicherheit
    - ○ Lautsicherheit
    - ○ Buchstabensicherheit
  - ○ Wortsicherheit
  - ○ Satz-, Textsicherheit
  - ○ Textproduktion/Schriftlicher Ausdruck
  - ○ Weiterführendes Rechtschreiben/Umgang mit Rechtschreibstrategien
  - ○ Sicherer Umgang mit orthographischen und grammatischen Regeln
  - ○ Umgang mit Wort und Schrift

Balster, K./Schilf, F.: Kompetenzen von Kindern erkennen

9.2.1 Sensomotorische Voraussetzungskompetenzen

Das Kind kann ... ⊠

● **Auditive Wahrnehmung**
  ○ akustische Zeichen unterscheiden (Laute unterscheiden und Buchstaben benennen)
  ○ Figur-Grund-Differenzierungen vornehmen (Laute heraushören)
  ○ gleiche Buchstaben wieder erkennen (Konstanzsicherheit)
  ○ Richtungen von Lauten lokalisieren
  ○ Reihenfolgen von Lauten, Buchstaben wahrnehmen und einhalten (zeitlich-räumliche Struktur)
  ○ Laute, (Buchstaben) in Zeit und Raum lokalisieren und sinnhaft strukturieren; einen Rhythmus aufnehmen und aufbauen; zeitliche Verläufe organisieren und strukturieren
  ○ Synthetisieren (Laute, Buchstaben zu Handlungsfolgen zusammenziehen und strukturieren

● **Visuelle Wahrnehmung**
  ○ Eigenschaften der Buchstaben unterscheiden (Form, Größe)
  ○ Blickregulationen vornehmen (Verfolgung von Buchstaben)
  ○ Auge-Hand-Bewegungen koordinieren
  ○ Figur-Hintergrund-Differenzierungen vornehmen (Buchstaben/Wörter von der Tafel ins Heft übertragen, in der Lineatur schreiben)
  ○ Konstante erkennen (gleiche Formen erkennen)
  ○ Raumlagen erkennen
  ○ Räumliche Beziehungen herstellen (Buchstaben-Reihenfolgen)
  ○

● **Augenkontrolle**
  ○ beide Augen koordinieren
  ○ mit den Augen Buchstaben fixieren
  ○ Buchstaben und Wörter durch Augensprünge finden
  ○ Buchstaben/Buchstaben-Reihenfolgen verfolgen
  ○ Buchstaben suchen
  ○

● **Taktile Wahrnehmung**
  ○ Eigenschaften (Größe, Form, Oberfläche) von Objekten unterscheiden (groß – klein, rund – eckig, glatt – rau)
  ○ Druckempfindungen (Stifthaltung, Schreiben) differenzieren
  ○ Stift/Lineal sicher halten (Objekt-Grund-Differenzierung)
  ○ gleiche Eigenschaften/ Konstante (alle rund) erkennen und ordnen (sortieren)
  ○ Arbeitsmaterialien (Stift, Lineal, Buchstabensteine) nach ihrer Festigkeit unterscheiden
  ○

Das Kind kann ...☒

▸ Kinästhetische Wahrnehmung

○ Muskelspannungen auf- und abbauen (Stifthaltung und -führung, Sprechwerkzeuge)

○ Gelenkstellungen wahrnehmen und unterscheiden (Stifthaltung und -führung/-richtung, Sprechwerkzeuge)

○ Körperraumlagen/-positionen halten und verändern (Wahrnehmung des Geschriebenen)

○ Krafteinsätze/-dosierungen regulieren (Stifthaltung und -führung, Sprechfluss, Intonation)

○

▸ Vestibuläre Wahrnehmung

○ Körperhaltungen (statisch/dynamisch) sichern (Geschriebenes erkennen; eigenes Handeln sichern)

○ sich auf Beschleunigungen, Richtungs- und Drehänderungen einstellen (Abschreibprozesse steuern)

○ Blicke regulieren (Buchstaben erkennen)

○ sich mit dem Körper im Raum orientieren (räumliche Beziehungen eingehen und Raumlagen deuten können; Positionsbestimmungen)

○

▸ Sprachlautkontrolle/Mundbeweglichkeit

○ sich das eigene Atmen bewusst machen und lenken (Sprechen)

○ die Lage der Zunge und Lippen (Zähne, Gaumen/Kehlkopf) wahrnehmen

○ die Zungen- und Lippenbeweglichkeit (Bilden von Lauten, Lautfolgen nachsprechen) nutzen

○ Mundmimik einsetzen (Betonung)

○ verschiedene Intonationen nutzen

○

▸ Körperschemaerfahrung

○ Körperteile nennen (Fingereinsatz)

○ Körperstellungen sichern (sicheres Schreiben)

○

▸ Seitigkeitsfähigkeit/-sicherheit

○ beide Hände koordinieren (Halten des Blattes und Schreiben)

○ die Mittellinie überkreuzen (Buchstabenposition, -darstellung)

○ mit einer Hand sicher handeln (Dominanz einer Hand)

○ rechts-links unterscheiden (Schreibrichtung)

○

▸ Handgeschicklichkeit

○ Finger isoliert bewegen (Griffhaltung, Schreibführung)

○ Finger-Handbeweglichkeit koordinieren (Schreiben)

○

Balster, K./Schilf, F.: Kompetenzen von Kindern erkennen

Das Kind kann… ☒

● **Zeitwahrnehmung** (Voraussetzung für ein Nacheinander von Denkschritten)
  ○ den Sprechfluss halten
  ○ Bewegungen in unterschiedlichen Geschwindigkeiten ausführen (Schriftführung)
  ○ die Sprechgeschwindigkeit variieren
  ○ Bewegungen verschiedenen Rhythmen anpassen bzw. Rhythmen in Bewegung umsetzen (Schreibrhythmus, Wortlänge)
  ○ Wortreihenfolgen einhalten
  ○

● **Raumwahrnehmung** (Voraussetzung für Beziehungen)
  ○ Raumlinien, -richtungen, -wege folgen (oben – unten, hinten – vorne, links – rechts)
  ○ Raumlagen unterscheiden (Anordnung der Buchstaben in der Lineatur)
  ○ Räumliche Beziehungen eingehen (Buchstabenzuordnungen)
  ○ Reihenfolgen einhalten (Buchstabenreihenfolge)
  ○

● **Handlungsplanung**
  ○ Reihenfolgen einhalten (Buchstaben nacheinander schreiben, Laute nacheinander sprechen)
  ○ Operationen verknüpfen
  ○ kreativ handeln
  ○

Zehn   kleine   Zappelfinger

9.2.2 Lernvoraussetzungskompetenzen

Das Kind kann … ☒

Graphomotorische Kompetenzen

Handlungsvoraussetzungen

⦿ **Sitzhaltung**
- ○ die Körperhaltung kontrollieren
- ○ die Kopfhaltung kontrollieren
- ○ die Arm- und Handhaltung kontrollieren
- ○

⦿ **Sitzplatzposition**
- ○ Raumpositionen zur Tafel sichern
- ○ den Körper zum Buch/zum Arbeitsblatt sichern
- ○

Handlungsdurchführung und -kontrolle

⦿ **Steuerung der Hände/Finger**
- ○ den Schreibarm/die Schreibhand angemessen einsetzen
- ○ die „Linealhand" angemessen einsetzen
- ○ die Finger angemessen einsetzen
- ○ die Orientierungshand angemessen nutzen
- ○

⦿ **Steuerung des Schreibgerätes/der Arbeitsgeräte/der Materialien**
- ○ eine angemessene Stiftauswahl vornehmen
- ○ Geräteeigenschaften unterscheiden
- ○ mit Materialien umgehen (Buchstabensteine)
- ○ die Griffhaltung/Stifthaltung (Kraft, Richtung) kontrollieren
- ○ Stifte und Arbeitsgeräte angemessen handhaben (Stifte, Lineal, Schere)
- ○ die Stift-/Linienführung angemessen vornehmen (Genauigkeit, Zielfähigkeit)
- ○ Richtungen einhalten und Richtungsänderungen kontrollieren (beim Schreiben)
- ○ den Schreibdruck steuern (Kraft, Dauer, Spannungsregulation)
- ○ Schreibtempo, Schreibbeschleunigung, -abbremsung und -rhythmus kontrollieren
- ○ Schreibadaptionen (Ziellineatur) kontrollieren
- ○ Schreib-Bewegungsfolgen (Fluss) kontrollieren
- ○ Handlungsqualitäten kontrollieren (Form, Richtung beim Schreiben)
- ○ Schreibbewegungs-/Formenmuster (Formkonstanz der Zeichen) sicher ausführen
- ○ Lernhilfen nutzen (Schablonen)
- ○ Formate und Lineaturen angemessen nutzen
- ○

Das Kind kann ... ⊠

Individuelle Lern- und Arbeitskompetenzen

▶ **Umgang mit äußeren Bedingungen**
- ○ eine angemessene Lernatmosphäre (Ruhe) mitgestalten
- ○ eine angemessene Sitzhaltung einnehmen
- ○

▶ **Arbeitsverhalten**
- ○ Aufgaben/Hilfen annehmen
- ○ Aufgaben verstehen
- ○ Aufgaben selbstständig ausführen
- ○ Strategien nutzen (Selbstinstruktion beim Lesen)
- ○ Handlungsplanungen vornehmen
  - ○ orientieren
  - ○ planen
  - ○ strukturieren (erschließt sich schwierige Wörter)
  - ○ durchführen (variiert das Lesetempo (überschauend, wort-/buchstabenweise)
  - ○ kontrollieren (angemessenes Reagieren auf Verlesen)
- ○ mit angemessener Ausdauer und angemessenem Tempo arbeiten
- ○ Aufgaben genau bearbeiten
- ○ Aufgaben sauber bearbeiten
- ○ Aufgaben übertragen (aus dem Buch ins Heft)
- ○ den Arbeitsplatz gestalten (orientiert sich auf dem Blatt)
- ○ selbstständig, kreativ arbeiten
- ○

▶ **Lernverhalten/Lernbereitschaft**
- ○ selbstwirksam handeln
- ○ selbstreflexiv sein
- ○ Korrekturen vornehmen
- ○ bei einer Sache bleiben (über einen längeren Zeitraum zuhören, schreiben, sprechen)
- ○ selektiv wahrnehmen
- ○ sich an Handlungen beteiligen
- ○

9.2.3 Schriftsprachliche Eingangskompetenzen

Das Kind kann ...☒

◉ **Grundlegendes Verständnis für Sprache**
- ○ Sprache erkennen und wissen, dass „Ganzwörter" für Dinge, Personen und Beziehungen stehen
- ○ Sprache als Sinneinheiten erkennen
- ○ den Gebrauchswert der Sprache erkennen
- ○ Zeichen deuten
- ○

Sprachwahrnehmungsleistungen

◉ **Kinästhetisch-artikulatorische Differenzierung**
- ○ angemessen die Sprechwerkzeuge (Zunge, Lippen, Unterkiefer) einsetzen
  - ○ Laute bilden
  - ○ Tonhöhen, Tontiefen entwickeln
  - ○ Lautstärken erzeugen
  - ○ angemessene Sprechgeschwindigkeit entwickeln
- ○ angemessen nachsprechen (sich an Sprechspielen beteiligen)
- ○ artikuliert sprechen
- ○ gegliedert mitsprechen
- ○ Atemdruck entwickeln
- ○ angemessene Atemtechnik einsetzen
- ○ Sprechsicherheit entwickeln
- ○

◉ **Optisch – graphomotorische Differenzierung (Graphembewusstsein)**
- ○ auffällige, unauffällige Details von Zeichen erkennen
- ○ Unterschiede von Zeichen erkennen
- ○ Gemeinsamkeiten von Zeichen erkennen
- ○ Begrenzungen beachten
- ○ erkennen, dass Buchstaben Zeichen für Laute sind
- ○ geometrisch-figürliche Formmuster der Buchstaben erkennen
  - ○ unähnliche Buchstabenformen erkennen
  - ○ ähnliche Buchstabenformen erkennen
  - ○ verschiedene Buchstaben-Größen/Strukturen (Breite) erkennen
  - ○ die Richtung der Buchstaben erkennen
  - ○ die Raumlagen der Buchstaben erkennen
- ○ Schriftzeichen räumlich anordnen
- ○ die Buchstaben-Kenntnis nutzen
- ○ die Kenntnis Laut-Buchstaben-Zuordnung nutzen
- ○ Formvarianten von Buchstaben kennen
- ○ Buchstaben von anderen Zeichen unterscheiden
- ○ Baustein-Gliederungen von Wörtern erkennen
- ○ Buchstabenzusammenfassungen erkennen
- ○ Signalwörter und ihre Bedeutung erkennen
- ○

Das Kind kann… ⊠

▶ Akustische – phonematische Differenzierung (Phonembewusstsein)

○ aktiv zuhören

○ sich am vorgestellten Laut- und Schriftbild orientieren

○ Laute analysieren (Sprachlaute aus der Gesamtheit artikulierter Laute abstrahieren)

  ○ Einzellaute erkennen

  ○ Einzellaute unterscheiden

  ○ Anlaut/e im Wort identifizieren

  ○ Endlaut/e im Wort identifizieren

  ○ Inlaut/e im Wort erkennen

  ○ Laute trennen

  ○ Laute zählen

  ○ Laute streichen

  ○ Laute verknüpfen (zeitlich-sequenziell)

  ○ Anlaute manipulieren (erster Laut eines Wortes wird ignoriert oder verändert)

  ○ Laute synthetisieren (Wörter, die in einzelne Phoneme zerlegt sind, erkennen)

  ○ Wörter analysieren

  ○ Laute kategorisieren (hart, weich, explosiv, zischelnd, summend)

○

▶ Melodisch – intonatorische Differenzierung

○ Klangfarben deuten

  ○ emotionale Wirkungen von Lautstärken erkennen

  ○ Bedeutungsebenen von Intonationen erkennen

  ○ Wirkungen von Sprechmelodien einordnen

○

▶ Rhythmische Differenzierung

○ Raum-, Zeit-, und Maßstrukturen erkennen

  ○ seriale Abfolgen und ihre Modalitäten erkennen

○ Raum-, Zeit-, und Maßstrukturen bewusst verwenden

  ○ Gliederung von Wörtern und Satzschemata als Speicherhilfe nutzen

○

9.2.4 Schriftsprachliche Kompetenzen

Das Kind kann ... ☒

Kommunikative Grundfähigkeiten

◗ Dialogfähigkeit
- ○ einen altersangemessenen Wortschatz entwickeln
- ○ Sprachgedächtnis und Sprachverstehen zunehmend steigern
  - ○ Satz- und Textinhalte logisch und folgerichtig verschlüsseln und entschlüsseln
  - ○ nonverbale Kommunikationsmittel (Gestik, Mimik) einsetzen
  - ○ selbstständig Kontakt aufnehmen
  - ○ sich an einem Gespräch beteiligen
  - ○ ein Gespräch initiieren
  - ○ unterschiedliche Rollen (Hörer/in – Sprecher/in) einnehmen
  - ○ Gesetzmäßigkeiten erkennen und Gesprächsregeln anwenden
- ○

◗ Fähigkeiten in der Grammatik
- ○ in kurzen Sätzen (wenige Worte) sprechen
- ○ in Mehr-Wort-Sätzen sprechen
- ○ deklinieren (Beugung Substantiv, Adjektiv)
- ○ konjugieren (Beugung des Verbs)
- ○ den richtigen Plural bilden
- ○ die richtigen Artikel verwenden
- ○ Zeiten angemessen im Gespräch anwenden
- ○

◗ Fähigkeiten in der Syntax
- ○ in ganzen Sätzen sprechen
  - ○ mit einfachen Haupt- und Nebensätzen sprechen
  - ○ mit umfassenden Haupt- und Nebensätzen sprechen
- ○ Sätze bauen
  - ○ einfache Sätze bauen
  - ○ komplexere Sätze bauen
- ○

◗ Fähigkeiten in der Semantik
- ○ Gegenstände benennen und beschreiben
- ○ Fragen formulieren und beantworten
- ○ spontan erzählen
  - ○ einfache Erlebnisse erzählen
  - ○ komplexe Erlebnisse darlegen
  - ○ in der zeitlichen Reihenfolge erzählen
  - ○ in der logischen Reihenfolge erzählen
- ○ Sachverhalte beschreiben
  - ○ einfache Sachverhalte beschreiben
  - ○ komplexere Sachverhalte beschreiben

Balster, K./Schilf, F.: Kompetenzen von Kindern erkennen

Das Kind kann… ⊠

- ○ Erklärungen abgeben
  - ○ einfache Erklärungen abgegeben
  - ○ umfassende Erklärungen abgeben
- ○ Zusammenhänge erfassen
  - ○ Situationen in ihrem Zusammenhang sehen
  - ○ Situationen in ihrem Zusammenhang darstellen
  - ○ eine Bildfolge logisch erfassen und wiedergeben
  - ○ eine Geschichte inhaltlich wiedergeben
  - ○ komplexe Geschichten wiedergeben
  - ○ Geschichten sinnvoll ergänzen
- ○ auswendig etwas aufsagen
- ○ Wortbedeutungen und Sinnbezüge verknüpfen (assoziieren)
- ○ Fremdwörter anwenden
- ○

Sprachverarbeitung

◖ Graphemische Informationsverarbeitung

- ○ Sprache aufschreiben
  - ○ für jeden Laut ein Zeichen/einen Buchstaben schreiben
  - ○ besondere Laute ordnen
    - ○ Laute mit ähnlicher graphischer Form (ao, bd, pq) erkennen
    - ○ Laute mit ähnlichem akustischen Klang (bdp, scz) erkennen
  - ○ besondere Lautgruppen ordnen
    - ○ Signalgruppen, die schwer zu artikulieren sind, erkennen (Mitlauthäufungen im Wort)
    - ○ Signalgruppen, die schwer zu schreiben und zu merken sind, erkennen
  - ○ Buchstaben aneinander reihen
  - ○ die Reihenfolge der Buchstaben als Lautfolge erkennen
  - ○ den Sinn, die Bedeutung von Wörtern erkennen
- ○

◖ Phonologische Informationsverarbeitung

- ○ eine Identifikation und Unterscheidung von Lauten, Silben, Wörtern vornehmen
- ○ Phoneme bei Konsonantenhäufung analysieren
- ○ phonologische Regelhaftigkeiten erkennen
  - ○ regelhafte Phonem-Graphem-Korrespondenzen (ei, eu) erkennen
  - ○ nicht regelhafte Phonem-Graphem-Korrespondenzen (Vase, vor) erkennen
    - ○ Ähnlichkeitsgruppierungen (ss, aa) vornehmen
  - ○ bei Lautfolgen die richtige Reihenfolge beachten
- ○ mit sprachgebundenen Informationsgeschwindigkeiten umgehen
  - ○ Wörter kodieren und rekodieren (Buchstaben in lautliche Entsprechung übertragen)
  - ○ Wörter dekodieren (Wörter werden im Gedächtnis zwecks Wortdeutungen gesucht)
  - ○ Wörter verstehen

Das Kind kann… ⊠

- ○ über ein sprachgebundenes Arbeitsgedächtnis bzw. Kurzzeitgedächtnis zunehmend verfügen
- ○ über ein phonologisches bzw. sprachliches Bewusstsein verfügen
- ○ ein Sprachgedächtnis zunehmend entwickeln
- ○ Sinnbezüge zunehmend erkennen
- ○

Sprachverstehen

○ Rezeptive Sprachverständigung

- ○ angemessen reagieren
- ○ angemessen Fragen beantworten
- ○ ein angemessenes grammatikalisches Verständnis zeigen
- ○ ein angemessenes Textverständnis zeigen
- ○

○ Expressive Sprachverständigung

(siehe auch unter Kommunikative Grundfähigkeiten, S. 60f)

- ○ grammatikalisch richtige Sätze bilden
- ○ komplexere Sätze bilden
- ○ die Wortstellung im Satz bestimmen
- ○ alle grammatisch wichtigen Endungen sprechen
- ○ auf eine angemessene Wortfindung zurückgreifen
- ○

Sprachgedächtnis/Wortschatz

○ Passiver Wortschatz

- ○ Alltagsbegriffe anwenden
- ○ altersangemessene Fachbegriffe anwenden
- ○ mit Arbeitsanweisungen umgehen
- ○

○ Aktiver Wortschatz

- ○ Alltagsbegriffe verstehen und sachgerecht verwenden
- ○ altersangemessene Fachbegriffe sachgerecht verwenden
- ○ Arbeitsanweisungen/Arbeitsaufgaben sachgerecht formulieren und weitergeben
- ○ Sachverhalte angemessen darstellen
- ○

Das Kind kann ...☒

Lesen

○ Laut-/ Buchstabensicherheit

Lautsicherheit
○ Laut-Analysen angemessen vornehmen (Sprachlaute unterscheiden, gliedern, verbinden)
○ sicher artikulieren
○

Buchstabensicherheit
○ eine altersangemessene Buchstaben-Kenntnis nutzen
    ○ Laut-Buchstaben-Zuordnungen vornehmen
    ○ Formvarianten der Buchstaben unterscheiden
○ ähnlich aussehende Buchstaben unterscheiden (a/o, n/r, n/m, h/k)
○ Buchstaben sicher erkennen, die sich in der Lage voneinander unterscheiden (d/b, u/n)
○ Buchstaben mit harten und weichen Konsonanten (b/p, d/t, g/k) unterscheiden
○ Buchstabendehnungen vornehmen
○ Buchstabenschärfungen vornehmen
○ ähnliche Wortbilder unterscheiden
○ Buchstaben in der entsprechenden Reihenfolge lesen
○ Buchstaben ohne Schwierigkeiten zu Silben zusammenlauten (Erfassen des Hintereinander von Buchstaben)
○ Baustein-Gliederungen vornehmen
    ○ Buchstabenzusammenfassungen erkennen
○ schwierige Lautverbindungen lesen
    ○ Wortbedeutungen erkennen

○ Wortsicherheit

Funktionelles Lesen
○ Wörter lesen ohne Kontextbezug / im Kontextbezug
    ○ einsilbige Wörter erlesen
    ○ zweisilbige Wörter erlesen
    ○ mehrsilbige Wörter erlesen
○ angemessen synthetisieren
○ selbstständig lesen
○

Sinnentnehmendes Lesen
○ buchstabenweise erlesen
○ Wortteile synthetisieren
○ genau lesen
○ in Sinnschritten lesen
○ fließend lesen
○ schnell lesen
○ Inhalte verstehen

Das Kind kann … ⊠

- ○ analytisch-synthetisch lesen
  - ○ Wortbilder (Schlüsselwörter) durchgliedern (bewusste Synthese)
    - ○ einfache Analysen vornehmen
      (Konsonanten, die gedehnt gesprochen werden: m, f, l, r)
    - ○ schwierigere Analysen vornehmen
      (Konsonantenverbindungen H-uh-n, Schw-)
- ○ semantisch und syntaktisch angemessen lesen (orthographische Strategie)
- ○ Wörter aus Lauten aufbauen
- ○ den Inhalt durch Sinnerwartung lesen (Kontextbezug)
- ○ Wörter auf dem direkten Weg lesen (Wort als Ganzes präsentiert)
- ○ Wörter auf dem indirekten Weg rekonstruieren (Wort entsprechend Graphem-Phonem-Korrespondenz)
- ○ bekannte Wörter lesen
- ○ unbekannte Wörter lesen
- ○

● Satz-/Textsicherheit

- ○ fließend lesen
- ○ mit unterschiedlicher Geschwindigkeit (Lesetempo) lesen
- ○ betont lesen
- ○ ohne Fingerhilfe lesen
- ○ ausdauernd lesen
- ○ geübte Texte lesen
- ○ neue Texte lesen
- ○ mit verschiedener Segmentierung lesen (kleine/größere Einheiten)
- ○ lesen, ohne Buchstaben auszulassen
  - ○ lesen, ohne Zeilen zu überspringen bzw. Zeilen zu verwechseln
  - ○ lesen, ohne zu raten
  - ○ lesen, ohne Buchstaben zu erfinden
- ○ in Sinnschritten lesen (sprachstrukturelle Strategie, mit Pausen und unter Beachtung der Interpunktion)
- ○ Bedeutungen erfassen und Inhalte verstehen
- ○ Zusammenhänge verstehen und deuten
- ○

● Umgang mit Lesestrategien

- ○ ganzheitlich Wörter lesen (Form und Anordnung von Zeichen)
- ○ alphabetisch-sequenziell lesen (Laut-Buchstaben-Beziehung herstellen)
- ○ synthetisiert lesen (buchstabenweise erlesen)
- ○ orthographisch lesen (Phonem-Graphem-Korrespondenzen befolgen orthographische Regeln; orthographische Phänomene werden erkannt)
- ○ morphematisch lesen (Buchstabenverbindungen und Wortsegmente werden automatisiert gelesen)
- ○ sinnentnehmend lesen (Sinndeutung, entfaltetes Lesen unbekannter Texte)
- ○

Das Kind kann ... ⊠

Rechtschreiben

◗ **Laut-/Buchstabensicherheit**

Lautsicherheit

- ○ Graphem-Phonem-Korrespondenzregeln anwenden
- ○ Sprachlaute unterscheiden
- ○ Laute, Silben, Wörter lautgetreu schreiben
- ○ Laute in Buchstaben umsetzen
    - ○ die richtige Reihenfolge einhalten
    - ○ die Formkonstanz einhalten
    - ○ über eine angemessene Raumlagesicherheit der Buchstaben verfügen
- ○ Wort-Wahrnehmungsdurchgliederungen (alle Buchstaben) vornehmen
- ○ Wort-Wahrnehmungstrennschärfen vornehmen
    - ○ visuelle Buchstabenformen unterscheiden
    - ○ auditive Buchstabenformen unterscheiden
- ○ ähnlich aussehende Buchstaben schreiben (a/o, n/r, h/b, v/w)
- ○ ähnlich klingende Laute schreiben (s/z, ö/eu, äu/eu)
- ○ ähnlich klingende Konsonanten schreiben (d/t, g/k, b/p, s/z, w/f)
- ○ ähnlich klingende Vokale, Um-/Zwielaute schreiben (a/o, o/u, ö/ü, ö/ä, eu/äu, eu/ei)
- ○ gleich klingende Laute schreiben (e/ä, eu/äu, v/f)
- ○ ohne Verwechselung harte und weiche Konsonanten schreiben (b/p, d/t, g/k)
- ○ angemessen mit Dauerkonsonanten (h, z, j) umgehen
- ○ angemessen mit Konsonanten, die im Mund gehalten werden (M/S), umgehen
- ○ angemessen mit plosiven Konsonanten (T/K) und Plosivlauten (d/b/g, t/p/k) umgehen
- ○ Dauerkonsonantenpaare bilden (schm, schr, schw, zw, wr)
- ○ angemessen mit Konsonantenhäufungen mit einem Plosivlaut (dr, bl, br, gr, tr, kr) umgehen
- ○

Buchstabensicherheit

- ○ alle Buchstaben schreiben, ohne das Auslassen von i-Punkten oder ö-Strichen
- ○ Laute zu Schriftzeichen zuordnen
- ○ Buchstaben richtig anwenden
- ○ abschreiben, ohne Buchstaben auszulassen
- ○ Reihenfolgen der Buchstaben (ohne Buchstabendreher) einhalten
- ○ die Buchstaben lagegerecht schreiben (m/w, b/d, d/g)
- ○ die Schreibrichtung sicher einhalten
- ○ die Buchstaben sicher aneinander reihen
- ○ alle Laute/Buchstaben und ihre Reihenfolge berücksichtigen
- ○ angemessen die Laut-Buchstabenzuordnung (alphabetische Strategie) vornehmen
- ○ angemessen große und kleine Buchstaben schreiben
- ○

Das Kind kann … ☒

○ **Wortsicherheit**
- ○ die Wörter vollständig schreiben, auch mit Endungen
- ○ die Wörter ohne Buchstabensalat schreiben
- ○ in einem Text dasselbe Wort stets richtig schreiben
- ○ abschreiben oder frei schreiben, ohne Buchstaben auszulassen
- ○ sicher die Groß- und Kleinschreibung anwenden
- ○ angemessen Konsonanten und Vokale schreiben
- ○ angemessen Umlaute und Zwielaute schreiben (au, eu, ei, ö, ü)
- ○ angemessen mit Wörtertrennungen und -zusammenschreibungen umgehen
- ○ die Endungen des dritten und vierten Falles angemessen anwenden (dem/den, ihm/ihn)
- ○ angemessen die S-Schreibung (s, ss, ß) anwenden
- ○ angemessen mit Dehnungen und Kürzungen umgehen
- ○ angemessen mit Buchstaben-Doppelungen (Vokal-Regel/Lautverdoppelung) in Wörtern umgehen
- ○ angemessen mit Dehnungen (mit und ohne Dehnungs-h) umgehen
- ○ angemessen mit der Ein-/Mehrzahlbildung umgehen
- ○ sich Wörter einprägen und fehlerfrei schreiben
- ○

○ **Satz-, Textsicherheit**
- ○ Sätze in Einzelwörter segmentieren
- ○ Sätze erweitern (Synthese)
- ○ alle Redeteile aufschreiben
- ○ Sätze schreiben, ohne Wörter auszulassen
- ○ die richtige Wortfolge einhalten
- ○ die Sätze nach Diktat schreiben
- ○ selbstständig Sätze schreiben
- ○

○ **Textproduktion/Schriftlicher Ausdruck**
- ○ selbstständig kurze Texte schreiben
- ○ selbstständig längere Texte schreiben
- ○ treffende Worte (Wortschatz) nutzen
- ○ Wortwiederholungen vermeiden
- ○ den gehörten oder gelesenen Text in der richtigen Reihenfolge schreiben
- ○ wechselnde Satzanfänge verwenden
- ○ grammatikalisch korrekte Sätze bilden
- ○ angemessen mit Fremdwörtern umgehen, sicher anwenden
- ○ einen Text logisch aufbauen
- ○ einfache Bilder/Bildgeschichten schriftlich erzählen
- ○ komplexere Bilder/Bildgeschichten schriftlich erzählen
- ○ Geschichten anhand von Reizwörtern schreiben
- ○ Gegenstände und Personen beschreiben
- ○ einfache Vorgänge und Tätigkeiten frei beschreiben
- ○ komplexe Vorgänge und Tätigkeiten frei beschreiben

Das Kind kann... ⊠

○ Erlebnisse frei beschreiben
○ Geschichten zu Ende erzählen/schreiben
○ Gebrauchstexte schreiben
○

▶ **Weiterführendes Rechtschreiben/Umgang mit Rechtschreibstrategien**
   ○ regelgeleitet schreiben
      ○ mit phonologischen Besonderheiten umgehen (ei, eu, sp, st)
      ○ kann umfassend die Großschreibung anwenden
      ○ die Wortstammschreibung umfassend nutzen (Baum/Bäume, Hunde/Hund, Rehe/Reh)
      ○ mit Vor- und Nachsilben umgehen (ver, ung)
      ○ kann mit dem langen „i" umgehen
   ○ mit Rechtschreibstrategien bewusst umgehen
      ○ die alphabetische Strategie anwenden
         ○ auf die eigene Aussprache achten
         ○ für jeden Laut einen Buchstaben schreiben
         ○ die Pilotsprache anwenden
      ○ die orthographische Strategie anwenden
         ○ sich die Wortteile merken, die von der Aussprache abweichen
         ○ bekannte Regeln anwenden
         ○ angemessen mit der Zeichensetzung (Satzzeichen) umgehen
      ○ die morphematische Strategie anwenden
         ○ Wörter in ihre Bausteine gliedern
         ○ verwandte Wortstämme finden
      ○ wortübergreifende Strategien anwenden
         ○ von der Wortart auf das Wort schließen
         ○ angemessen im Satz das Wort positionieren
   ○

▶ **Sicherer Umgang mit orthographischen und grammatischen Regeln**
   ○ orthographische Regeln sicher anwenden
   ○ grammatische Regeln sicher anwenden
   ○

▶ **Umgang mit Wort und Schrift** (Umgang mit schriftsprachlichen Hilfsmitteln und Nachschlagewerken)
   ○ mit Tabellen und Listen umgehen
   ○ mit alphabetischen Verzeichnissen umgehen
   ○ mit Schautafeln und Übersichten umgehen
   ○ mit Lexika und Informationsangaben umgehen
   ○ mit Zeitungen und Zeitschriften umgehen
   ○ mit geläufigen Abkürzungen umgehen
   ○ mit altersgerechter Literatur umgehen
   ○

9.3 Übersichten phänomenologischer Fehleranalysen

Spezifizierte Feststellung von Fehlerhäufigkeiten ist mit Hilfe der Fehlerlisten durchzuführen.

Phänomenologische Fehleranalyse – Rechtschreibung

Name:_____ Klasse:_____

Fehlerbild	Diktat 1	Σ1*	Diktat 2	Σ2*	Diktat 3	Σ3*	ges.
Phonem-Graphem-Zuordnung							
unbekannte Buchstaben							
differenz. lange/kurze Vokale							
Häufigkeitswörter							
wiederkehrende Wortbausteine							
wiederkehrende Wortstämme							
Pseudowörter orthogr. Norm							
klangtreue Wörter							
Präfixe							
Suffixe							
mehrsilbige Wörter							
Groß-Kleinschreibung Nomen							
Satzanfänge							
Substantivierte Wortarten							
Dehnung ie							
h							
leh							
Doppelung							
Schärfung mit Doppelung							
ohne Doppelung							
tz							
dt							
ck							
Diphtong au – äu							
eu							
ei							
Differenzierung g – k							
An-In-Auslaut m – n							
d – t							
ä – e							
eu – äu							
p – b							
w – f							
v – w							
f – v							
ch – r							
sch – ch							
st – sch							
Getrennt-Zusammenschreibung							
Reversionen							
Inversionen							
ausgelassene Buchstaben							
ausgelassene Wörter							
zugefügte Buchstaben							
zugefügte Wörter							
falsche Buchstabenfolge							
Buchstabenverwechselungen							
Wortverwechselungen							
Endungen -er-							
Interpunktion							
sonstige Fehler							

* Die Übersicht wird als Strichliste geführt. Die Fehlerzahl ist unter der Summe (Σ) einzutragen.

Balster, K./Schilf, F.: Kompetenzen von Kindern erkennen

Phänomenologische Fehleranalyse – Selbstständiges Schreiben

Name:_____ Klasse:_____

Fehlerbild	Text 1	Σ1*	Text 2	Σ2*	Text 3	Σ3*	ges.
Zeitenfehler							
Stellung der Satzglieder							
Satzbau, Satzlänge							
falscher Artikel							
Präpositionsfehler							
Konjunktionsfehler							
Pronomen possessiv							
demonstrativ							
interrogativ							
Deklinationsfehler							
Steigerungsformen							
Satzzeichen, Satzende							
Kommafehler							
wörtliche Rede							
adverbiale Bestimmung							
Wortwiederholungen							
unzutreffender Ausdruck							
Textaufbau							
sonstige Fehler							

* Die Übersicht wird als Strichliste geführt. Die Fehlerzahl ist unter der Summe (Σ) einzutragen.

10

BALSTER/SCHILF

10 Instrument zur Feststellung mathematischer Kompetenzen

10.1 Entwicklungspsychologischer Erwerb mathematischer Kompetenzen

Materialeigenschaften/Eigenschaften erspüren

Aus einer Vielzahl von Erfahrungen Gruppen bilden (Klassenbildung)

Reihenfolgen bilden (Seriation)

Mit Mengen umgehen (Mengenkonstanz)

Eine Menge als qualitativ unverändert erkennen (Invarianz, Zeit- und Raumsicherheit)

Eins-zu-Eins-Zuordnung

Symbole/Zeichen/Ziffern anordnen (Raumlage, räumliche Beziehungen)

Mit Zahlen umgehen (Begriffs-/Zahlverständnis – über mathematische Kompetenzen kommunizieren können)

Zählendes Rechnen

Positionale Ordnungen vornehmen (Stellenwertorientierung)

Verständnis für Operationen (Gesetze anwenden)

Algorithmen anwenden

Handlungspläne entwickeln und Handlungsstrategien anwenden

Abstraktionen vornehmen

Umstellungen vornehmen

Handlungen generalisieren

Transferleistungen erbringen

Balster, K./Schilf, F.: Kompetenzen von Kindern erkennen

10.2 Feststellung mathematischer Kompetenzen

Name:_____ geb.:_____

○ Sensomotorische Voraussetzungskompetenzen

○ Lernvoraussetzungskompetenzen

○ Pränumerale Kompetenzen

○ Mathematische Eingangskompetenzen

○ Mathematische Kompetenzen

BEMERKUNGEN

_____

_____

_____

_____

_____

_____

_____

_____

Sensomotorische Voraussetzungskompetenzen (10.2.1)

- ○ **Auditive Wahrnehmung**
- ○ **Visuelle Wahrnehmung**
- ○ **Augenkontrolle**
- ○ **Taktile Wahrnehmung**
- ○ **Kinästhetische Wahrnehmung**
- ○ **Vestibuläre Wahrnehmung**
- ○ **Sprachlautkontrolle**
- ○ **Körperschemaerfahrung**
- ○ **Seitigkeitsfähigkeit/-sicherheit**
- ○ **Handbeweglichkeit**
- ○ **Zeitwahrnehmung**
- ○ **Raumwahrnehmung**
- ○ **Handlungsplanung**

Lernvoraussetzungskompetenzen (10.2.2)

- ○ **Sprachliche Kompetenzen**
- ○ **Graphomotorische Kompetenzen**
  - ○ Handlungsvoraussetzungen
    - ○ Sitzhaltung
    - ○ Sitzplatzposition
  - ○ Handlungsdurchführung und -kontrolle
    - ○ Steuerung der Hände/Finger
    - ○ Steuerung des Schreibgerätes/der Arbeitsgeräte/der Materialien
- ○ **Individuelle Lern- und Arbeitskompetenzen**
  - ○ Umgang mit äußeren Bedingungen
- ○ **Arbeitsverhalten**
  - ○ Lernverhalten/Lernbereitschaft

Pränumerale Kompetenzen (10.2.3)

○ **Vorerfahrungen für den Zahlbegriff**
- ○ Eigenschaften/Merkmale/Elemente/Formen
- ○ Beziehungen/Relationen/Proportionen
- ○ Klassifikationen/Gruppierungen
- ○ Mengenauffassung/Mengenkonstanz (Konstanz einer Menge/simultan erfassen)
- ○ Invarianz der Menge (Mengenerhaltung)
- ○ Zeitbegriffe
- ○ Raumvorstellungen/Raumbegriffe
- ○ Seriation/Serialität (Reihenfolgen bilden)/Raumbegriffe
- ○ Eins-zu-Eins-Zuordnung (Erkennen und Einhalten einer Reihenfolge)

○ **Zahlbegriff/Operationsverständnis**
- ○ Zahlbegriff
- ○ Zuordnung Menge zu Ziffern/Zahlwort
- ○ Umgang mit Zahlen
- ○ Umgang mit mathematischen Begriffen
- ○ Umgang mit mathematischen Zeichen/Symbolen/Operationsbegriffen

Mathematische Eingangskompetenzen (10.2.4)

○ **Mathematische Eingangskompetenzen**

Mathematische Kompetenzen (10.2.5)

○ **Umgang mit Zahlen (Zahlbegriff/Zahlsystem)**

○ **Umgang mit Zeichen**

○ **Eins plus Eins (Strategien)**

○ **Umgang mit Rechenschemata**

○ **Addieren**

○ **Subtrahieren**

○ **Multiplizieren**

○ **Dividieren**

○ **Umgang mit dem Dezimalsystem**

○ **Umgang mit Größen (Maße/Gewichte)**

○ **Umgang mit Brüchen**

○ **Umgang mit Sachaufgaben**

○ **Geometrisches Handeln**

○

10.2.1 Sensomotorische Voraussetzungskompetenzen

Das Kind kann …⊠

⊙ **Auditive Wahrnehmung**
- ○ akustische Zeichen unterscheiden (Zeichen/Ziffern/Zahlen unterscheiden und benennen)
- ○ Figur-Grund-Differenzierungen vornehmen (Ziffern/Zahlen unterscheiden), heraushören
- ○ gleiche Zahlen wieder erkennen (Konstanzsicherheit)
- ○ Richtungen akustischer Zeichen/Zahlen lokalisieren
- ○ Reihenfolgen von Ziffern/Zahlen wahrnehmen und einhalten (zeitlich-räumliche Struktur)
- ○ Zahlen strukturieren
- ○ Ziffern zu Zahlen synthetisieren
- ○

⊙ **Visuelle Wahrnehmung**
- ○ Eigenschaften unterscheiden (Farbe, Form, Größe, Menge, Position)
- ○ Blickregulationen vornehmen (Verfolgung von Ziffern und Zahlen, geometrischen Formen)
- ○ Auge-Hand-Bewegungen koordinieren
- ○ Figur-Hintergrund-Differenzierungen vornehmen (Zeichen von der Tafel ins Heft übertragen)
- ○ Konstante erkennen (gleiche Formen erkennen)
- ○ Raumlagen erkennen
- ○ Räumliche Beziehungen herstellen (Reihenfolge/Serialität)
- ○

⊙ **Augenkontrolle**
- ○ beide Augen koordinieren
- ○ mit den Augen Zeichen fixieren
- ○ Zeichen durch Augensprünge finden
- ○ Zeichen und Linien verfolgen
- ○ Zeichen suchen
- ○

⊙ **Taktile Wahrnehmung**
- ○ Eigenschaften (Größe, Form, Oberfläche) von Objekten unterscheiden (groß – klein, rund – eckig, glatt – rau)
- ○ Druckempfindungen (Stifthaltung, Schreiben) differenzieren
- ○ Stift/Zirkel/Lineal sicher halten (Objekt-Grund-Differenzierung)
- ○ gleiche Eigenschaften/Konstante (alle rund) erkennen und ordnen (sortieren)
- ○ Gewichte unterscheiden
- ○ Arbeitsmaterialien (Stift, Lineal, Bausteine) nach ihrer Festigkeit unterscheiden
- ○

Balster, K./Schilf, F.: Kompetenzen von Kindern erkennen

Das Kind kann ... ☒

◉ Kinästhetische Wahrnehmung

- ○ Muskelspannungen auf- und abbauen (Stift-/Linealhaltung und -führung)
- ○ Gelenkstellungen wahrnehmen und unterscheiden (Stifthaltung und -führung/-richtung)
- ○ Körperraumlagen/-positionen halten und verändern (Wahrnehmung des Geschriebenen)
- ○ Krafteinsätze/-dosierungen regulieren (Stift-/Linealhaltung und -führung)
- ○

◉ Vestibuläre Wahrnehmung

- ○ Körperhaltungen (statisch/dynamisch) sichern (Geschriebenes erkennen; eigenes Handeln sichern)
- ○ sich auf Beschleunigungen, Richtungs- und Drehänderungen einstellen (Abschreibprozesse steuern)
- ○ Blicke regulieren (Zahlen erkennen, Objekte identifizieren)
- ○ sich mit dem Körper im Raum orientieren (räumliche Beziehungen eingehen und Raumlagen deuten können; Positionsbestimmungen)
- ○

◉ Sprachlautkontrolle

- ○ Zahlen aussprechen
- ○

◉ Körperschemaerfahrung

- ○ Körperteile erkennen und nennen (Fingereinsatz)
- ○ Körperstellungen sichern (Handlungsvoraussetzungen)
- ○

◉ Seitigkeitsfähigkeit/-sicherheit

- ○ beide Hände koordinieren (Halten des Blattes und Schreiben)
- ○ die Mittellinie überkreuzen (Zahlenposition, Formendarstellung)
- ○ mit einer Hand sicher handeln (Dominanz einer Hand)
- ○ rechts-links unterscheiden (Raumrichtung)
- ○

◉ Handbeweglichkeit

- ○ die Finger isoliert bewegen (Fingerrechnen, Griffhaltung, Schreiben, Zeichnen)
- ○ die Finger-Handbeweglichkeit koordinieren (Falten, Schneiden, Linealumgang)
- ○

◉ Zeitwahrnehmung (Voraussetzung für ein Nacheinander von Denkschritten)

- ○ Bewegungen in unterschiedlichen Geschwindigkeiten ausführen (Schriftführung)
- ○ Bewegungen verschiedenen Rhythmen anpassen bzw. Rhythmen in Bewegung umsetzen (Schreibrhythmus, Eins-zu-Eins-Zuordnung))
- ○ Zahlenreihenfolgen einhalten
- ○

10

Das Kind kann...☒

- **Raumwahrnehmung** (Voraussetzung für Beziehungen)
  - ○ Raumlinien, -richtungen, -wege folgen (oben – unten, hinten – vorne, links – rechts)
  - ○ Raumlagen unterscheiden (Richtung der Zahlen)
  - ○ Räumliche Beziehungen eingehen (Muster nachlegen)
  - ○

- **Handlungsplanung**
  - ○ Reihenfolgen einhalten (bei der Multiplikation die richtige Reihenfolge der Rechenschritte einhalten)
  - ○ Operationen verknüpfen
  - ○ kreativ handeln
  - ○

Balster, K./Schilf, F.: Kompetenzen von Kindern erkennen

10.2.2 Lernvoraussetzungskompetenzen

Das Kind kann ... ☒

Sprachliche Kompetenzen

- ○ auf grundlegende Sprachwahrnehmungsleistungen zurückgreifen
- ○ kommunikative Grundfähigkeiten nutzen
- ○ Sprache verstehen
- ○ über ein grundlegendes Leseverständnis verfügen
- ○

Graphomotorische Kompetenzen

Handlungsvoraussetzungen

○ Sitzhaltung

- ○ die Körperhaltung kontrollieren
- ○ die Kopfhaltung kontrollieren
- ○ die Arm- und Handhaltung kontrollieren
- ○

○ Sitzplatzposition

- ○ Raumpositionen zur Tafel sichern
- ○ den Körper zum Buch/zum Arbeitsblatt sichern
- ○

Handlungsdurchführung und -kontrolle

○ Steuerung der Hände/Finger

- ○ den Schreibarm/die Schreibhand angemessen einsetzen
- ○ die „Linealhand" angemessen einsetzen
- ○ die Finger angemessen einsetzen
- ○ die Orientierungshand angemessen nutzen
- ○

○ Steuerung des Schreibgerätes/der Arbeitsgeräte/der Materialien

- ○ eine angemessene Stiftauswahl vornehmen
- ○ Geräteeigenschaften unterscheiden
- ○ mit Materialien umgehen (Bausteinen)
- ○ die Griffhaltung/Stifthaltung (Kraft, Richtung) kontrollieren
- ○ Stifte und Arbeitsgeräte angemessen handhaben (Lineal, Dreieck, Zirkel, Schere)
- ○ die Stift-/Linienführung angemessen vornehmen (Genauigkeit, Zielfähigkeit)
- ○ Richtungen einhalten und Richtungsänderungen kontrollieren (beim Schreiben, Zeichnen)
- ○ den Schreibdruck steuern (Kraft, Dauer, Spannungsregulation)
- ○ Schreibtempo, Schreibbeschleunigung, -abbremsung und -rhythmus kontrollieren
- ○ Schreibadaptionen (Ziellineatur) kontrollieren
- ○ Schreib-Bewegungsfolgen (Fluss) kontrollieren
- ○ Handlungsqualitäten kontrollieren (Form, Richtung beim Schreiben und Zeichnen)

Das Kind kann ... ☒

○ Schreibbewegungs-/Formenmuster (Formkonstanz der Zeichen) sicher ausführen
○ Lernhilfen nutzen (Schablonen)
○ Formate und Lineaturen angemessen nutzen
○

Individuelle Lern- und Arbeitskompetenzen

◗ Umgang mit äußeren Bedingungen

○ eine angemessene Lernatmosphäre (Ruhe) mitgestalten
○ eine angemessene Sitzhaltung einnehmen
○

◗ Arbeitsverhalten

○ Aufgaben/Hilfen annehmen
○ Aufgaben verstehen
○ Aufgaben selbstständig ausführen
○ Strategien nutzen (Selbstinstruktion)
○ Handlungsplanungen vornehmen
　　○ orientieren
　　○ planen
　　○ strukturieren
　　○ durchführen
　　○ kontrollieren
○ mit angemessener Ausdauer und angemessenem Tempo arbeiten
○ Aufgaben genau bearbeiten
○ Aufgaben sauber bearbeiten
○ Aufgaben übertragen (aus dem Buch ins Heft)
○ den Arbeitsplatz gestalten (orientiert sich auf dem Blatt)
○ selbstständig, kreativ arbeiten
○

◗ Lernverhalten/Lernbereitschaft

○ selbstwirksam handeln
○ selbstreflexiv sein
○ Korrekturen vornehmen
○ bei einer Sache bleiben (über einen längeren Zeitraum zuhören)
○ sich an Handlungen beteiligen
○ selektiv wahrnehmen
○

10.2.3 Pränumerale Kompetenzen

Das Kind kann ... ☒

Vorerfahrungen für den Zahlbegriff

▶ Eigenschaften/Merkmale/Elemente/Formen
- ○ Eigenschaftsbegriffe anwenden (lang – kurz, rund – eckig)
- ○ geometrische Formen benennen (rund, viereckig)
- ○ eine Eigenschaft (rot oder rund), ein Element (Stein) erkennen und benennen
- ○ mehrere Eigenschaften (eckig und rot) erkennen und benennen
- ○

▶ Beziehungen/Relationen/Proportionen
- ○ Beziehungen ordnen (der Größe nach rote und blaue Steine ordnen)
- ○ Beziehungen unterscheiden (länger als, enger als, größer als)
- ○

▶ Klassifikationen/Gruppierungen (Gleiches und Verschiedenes erkennen)
- ○ Klassifikationen erkennen und benennen (alle roten Steine sortieren)
- ○ Kombinationen von Klassen bilden (alle weißen und alle großen Steine ordnen)
- ○ gleiche Mengenbilder erkennen und ordnen (alle runden, roten Steine)
- ○ Elemente nach einer Eigenschaft sortieren (von großen zu kleinen runden Steinen)
- ○ verschiedene Merkmale ordnen und unterscheiden
- ○ Begriffsbildungen vornehmen; Oberbegriffe bilden
- ○

▶ Mengenauffassung/Mengenkonstanz (Konstanz einer Menge/simultan erfassen)
- ○ Mengenbegriff kennen (mit einer Zahl die Anzahl der sie bildenden Elemente verbinden können, 5 = 5 Steine hinlegen können)
- ○ kleine Mengen bilden
- ○ größere Mengen bilden
- ○ eine Menge in Teilmengen zerlegen
- ○ äquivalente (gleichwertige) Mengen erstellen; teilen, verteilen; in Beziehung setzen
- ○ Teilmengen zu einer Gesamtmenge ordnen
- ○ simultane Mengen erfassen (ohne Abzählen die Elemente einer Menge nennen)
- ○ Mengen abzählen, zuordnen, sortieren (Farbe, Form, Größe), ordnen (Reihenfolge), strukturieren, unterscheiden
- ○ Mengen vergleichen in Bezug auf ihre Mächtigkeit (mehr – weniger); Mächtigkeitsvergleiche anstellen
- ○ Mengen bündeln
- ○

Das Kind kann… ☒

- ❯ **Invarianz der Menge** (Mengenerhaltung; gleich große Mengen trotz unterschiedlicher räumlicher Anordnung als gleich erkennen)
  - ○ Mengen vergleichen (gleich viele Knöpfe wie Knopflöcher)
  - ○ Mengen ordnen (gleich, weniger, mehr), zerlegen, unterscheiden
  - ○ erkennen, dass eine Menge nach Veränderung der Elementenanordnung (auseinander ziehen und zusammenschieben) gleich bleibt
  - ○

- ❯ **Zeitbegriffe**
  - ○ Begriffe deuten (gestern – heute – morgen, Tag – Woche)
  - ○ Begriffe ordnen (vorher – nachher)
  - ○ Begriffs-Reihenfolgen herstellen (früher – später – jetzt, zuerst – dann)
  - ○

- ❯ **Raumvorstellungen/Raumbegriffe**
  - ○ Lagebegriffe anwenden (oben – unten, vorne – hinten)
  - ○ Lagebeziehungen erfassen (neben, auf, zwischen)
  - ○ Flächenformen kennen lernen
  - ○ räumliche Differenzierungen vornehmen (nah – fern)
  - ○ räumliche Orientierungen vornehmen (real oder gedanklich im Raum orientieren; schätzen)
  - ○ räumliche Vorstellungen entwickeln (Objekte oder Beziehungen in der Vorstellung reproduzieren)
  - ○ räumlich denken (mit Vorstellungsinhalten gedanklich operieren)
  - ○ räumliche Beziehungen eingehen (Analyse von Formen und Mustern vervollständigen und weiterführen)
  - ○

- ❯ **Seriation/Serialität** (Reihenfolgen bilden; Gegenstände in eine Reihenfolge bringen)
  - ○ Begriffe ordnen (nah – fern)
  - ○ Reihen bilden, ordnen (nach der Größe)
  - ○ Begriffs-Reihenfolgen herstellen (weit weg – näher – nah)
  - ○ Beziehungen eingehen (zueinander)
  - ○ Mengendarstellungen finden und ergänzen (1, 2, 3, 4,…)
  - ○

- ❯ **Eins-zu-Eins-Zuordnung** (Erkennen und Einhalten einer Reihenfolge)
  - ○ einem vorgegebenen Element (roter Stein) ein anderes zuordnen (roter Stein; dann gleichgroße rote Steine)
  - ○ Elemente (wie viele Gabeln) anderen Elementen zuordnen (brauchen vier Personen zum Essen); in Beziehung bringen
  - ○

Das Kind kann ... ☒

Zahlbegriff/Operationsverständnis

▶ Zahlbegriff
○ Zahlen sprechen, lesen, schreiben
○

▶ Zuordnung Menge zu Ziffern/Zahlwort
○ einer vorhandenen Mengengröße Ziffern/Zahlen zuordnen (Verknüpfung)
○ Zahlen durch Mengen darstellen
○

▶ Umgang mit Zahlen
○ eine Anordnung von Zahlen verstehen (Zahlenraumvorstellung; Zahlen im Zwanziger-, Hunderterfeld finden)
○ eine Zahlwortreihe (6, 7, 8...) aufsagen (weiter zählen, rückwärts zählen)
○ von allen Zahlen aus zählen (vorwärts, rückwärts)
○ sich am Zahlenstrahl orientieren (Nachfolger/Vorgänger bestimmen)
○ mit einer Ordnungsstrategie zählen (Zweierpäckchen bilden)
○ mit Zahlen umgehen (zerlegen, halbieren, verdoppeln)
○ die Bedeutung der 0 erkennen
○

▶ Umgang mit mathematischen Begriffen
○ Begriffe kennen (Raumlagen, Formen, Mengen, Zahlen, Reihenfolgen, Ordnungen, Beziehungen)
○ Begriffe unterscheiden und anwenden (größer – kleiner, mehr – weniger, kürzer – länger, halb – doppelt, das Doppelte, doppelt so viel, die Hälfte von, links – rechts, oben – unten)
○ Begriffe ordnen (am meisten, am längsten, der erste ... , der letzte...)
○ Ordnungsbeziehungen durch mathematische Zeichen darstellen (Zeichen > , <, = richtig einsetzen)
○ die Varianz von Begriffen anwenden (vor – hinter, davor – danach)
○

▶ Umgang mit mathematischen Zeichen/Symbolen/Operationsbegriffen
○ zwischen verschiedenen Operations-Zeichen unterscheiden (+, -)
○ Zeichen anwenden
○ Zeichen im Symbolwert erkennen, verstehen und gebrauchen (> größer als)
○ Natürliche Zahlen und Ordnungszahlen erkennen
○ Kardinalzahlen von Ordinalzahlen unterscheiden
    ○ die Bedeutung der Kardinalzahl erkennen
      (Zählen einer Menge, die Treppe hat vier Stufen)
    ○ die Bedeutung der Ordinalzahlen erkennen
      (Festlegen einer Position, auf der 3. Stufe liegt ein Ball)
○ mit additiven Operationen umgehen (wegnehmen, plus, minus, ergänzen, vermindern)
○ mit multiplikativen Operationen umgehen (zerlegen, verteilen, halbieren, verdoppeln, vervielfachen)
○

10.2.4 Mathematische Eingangskompetenzen

Das Kind kann ... ⊠

- ◉ **Mathematische Eingangskompetenzen**
  - ○ Begriffe/Symbole/Zeichen kennen und anwenden
  - ○ mathematische Grundfertigkeiten anwenden
    - ○ abschätzen
    - ○ analysieren
    - ○ aufteilen
    - ○ ausfüllen (Lücken)
    - ○ beurteilen
    - ○ sprechen
    - ○ sammeln
    - ○ zusammenfassen
    - ○ bilden
    - ○ ergänzen
    - ○ gliedern
    - ○ halbieren
    - ○ hinzufügen
    - ○ lesen
    - ○ ordnen/einordnen/zuordnen
    - ○ planen
    - ○ schreiben
    - ○ tauschen
    - ○ teilen
    - ○ umkehren
    - ○ unterscheiden
    - ○ verbinden
    - ○ verdoppeln
    - ○ vereinigen
    - ○ vergleichen
    - ○ vermindern
    - ○ verteilen
    - ○ zählen
    - ○ zerlegen
  - ○ Gesetzmäßigkeiten (Regeln) erkennen und anwenden
    - ○ Eigenschaften erkennen (rund/eckig)
    - ○ Ableitungsstrategien nutzen
      (Tausch-/Nachbaraufgabe/Umkehraufgaben/dekadische Analogien)
    - ○ Regeln anwenden (Kommutativgesetz)
  - ○ Operationen verstehen (Addition, Subtraktion – „ein Knopf fehlt")
  - ○ Techniken, Strategien anwenden (Zähltechnik)

Balster, K./Schilf, F.: Kompetenzen von Kindern erkennen

Das Kind kann ... ☒

- ○ kopfrechnen
  - ○ mit Operationszeichen umgehen
    (kein visuelles „Kleben bleiben" an +, obwohl – verlangt)
  - ○ mit akustischen Reizen umgehen
    (kein akustisches „Kleben bleiben" an 2 x 8 = 28
  - ○ Reihenfolgen einhalten
- ○ halbschriftlich rechnen
- ○ schriftlich rechnen
- ○ Textrechnungen verstehen (Textverständnis, Gliederung)
- ○ Abstraktionen /Verallgemeinerungen vornehmen
- ○

10.2.5 Mathematische Kompetenzen

Das Kind kann ...☒

▶ Umgang mit Zahlen (Zahlbegriff/Zahlsystem)
- ○ Zahlen benennen (einstellig, zweistellig, dreistellig)
- ○ Zahlenraum gestalten (Aufbau und Gliederung)
- ○ Zahlenaufbau vornehmen (Zählstrategie)
- ○ Zehnerüberschreitung/-unterschreitung anwenden
- ○ zählen, abzählen (zwei Schuhe, 2 Socken), vorwärts-, rückwärtszählen
- ○ Elemente ordnen
- ○ Zahlenfolgen, Reihen bilden
- ○ Zahlbegriff anwenden (wie viel, das wievielte)
- ○ Zahlenposition bestimmen (Vorgänger, Nachfolger)
- ○ kardinalen Zahlbegriff anwenden (Zuordnung Menge zu einem Zahlsymbol; 8 als Anzahleigenschaft einer Menge, 8 als 5 + 3)
- ○ ordinalen Zahlbegriff anwenden (Positionsbestimmung; 8 als achtes Element in der Zählreihe)
- ○ Zahlengrößen unterscheiden (Z und E)
- ○ dekadisches Positionssystem anwenden(10, 20, Zehnersystem)
- ○ Zahlen überschlagen, schätzen, runden (im Zahlenraum)
- ○ Zahlen vergleichen (Größen), zerlegen, ergänzen, vertauschen
- ○ Stellenwertpositionen bestimmen (T, H, Z, E) und umwandeln (4 H = 40 Z)
- ○ vorgelesene Zahlen (Wortform) in Zifferschreibweise aufschreiben
- ○ Zahlen umwandeln (E in Z)
- ○ mit der Zahl Null umgehen
- ○ das Dezimalsystem verstehen
- ○

▶ Umgang mit Zeichen
- ○ Abkürzungen verwenden
- ○ mit dem Bruchstrich operieren
- ○ Rechenzeichen (+, -, · , : , =, > , <) verwenden
- ○

▶ Eins plus Eins (Strategien)
- ○ addieren zu 10, addieren der 10, Aufgaben mit der Summe 10
- ○ Ableitungsstrategien nutzen
  - ○ Ergänzungsaufgaben ausführen (Aufgabe: 7 + 5 = 7 + 3 + 2)
  - ○ Konstante verwenden
    (Konstanz der Summe 7 + 7 statt 8 + 6; Fünferbildung 5 + 5 + 2 statt 5 + 7)
- ○ 1 + 1 Aufgaben im Zahlenraum bis 20 auswendig beherrschen
- ○

▶ Umgang mit Rechenschemata
- ○ Reihenfolgen und Richtungen der Zahlen einhalten
- ○ Zahlen richtig einordnen, übertragen bzw. untereinander schreiben
- ○ sich im Stellenwertsystem orientieren (Stellenzuordnungen vornehmen)
- ○ Rechenzeichen richtig nutzen (keine Verwechslungen, Vertauschungen)

Balster, K./Schilf, F.: Kompetenzen von Kindern erkennen

Das Kind kann… ☒

- ○ Handlungsreihenfolgen/-schritte bei Rechenoperationen einhalten
- ○ sich bei schriftlichen Verfahren auf unterschiedliche Rechenoperationen ein-/umstellen
- ○ Kontrollen durchführen
- ○ mit der 0 richtig umgehen
- ○ Überschlagsrechnungen durchführen
- ○ die Einmaleinsreihen und deren Umkehrung automatisiert anwenden
- ○ Addition und Subtraktion mit Überschreitungen sicher anwenden
- ○ mit dem Komma bei den Grundrechenarten umgehen
- ○

○ Addieren
- ○ mündlich addieren
- ○ halbschriftlich addieren
- ○ schriftlich addieren
- ○ sich im Zahlenraum orientieren
- ○ Stellenwertordnungen vornehmen (Z und E)
- ○ vorwärts addieren
- ○ zählen in Zehnerschritten
- ○ addieren ohne Zehnerüberschreitung (zerlegen, vertauschen)
- ○ addieren mit Zehnerübergang
- ○ das Addieren anwenden
    - ○ beim Ziffernvergleich (12 + 2 = 14)
    - ○ beim Addieren mehrerer Summanden (Kommutativgesetz, 6 + 2 = 8, 2 + 6 = 8)
    - ○ bei Nachbaraufgaben (3 + 3 = 6, 3 + 4 = 7)
    - ○ bei Umkehraufgaben (6 + 2 = 8, 8 – 2 = 6)
- ○ Dezimalzahlen addieren
- ○ dekadische Analogien bilden (4 + 4 = 8, 14 + 4 = 18)
- ○ mit dem Additionsschema umgehen (schriftliche Rechenverfahren anwenden)
- ○

○ Subtrahieren
- ○ mündlich subtrahieren
- ○ halbschriftlich subtrahieren
- ○ schriftlich subtrahieren
- ○ sich im Zahlenraum orientieren
- ○ Stellenwertordnungen vornehmen (Z und E)
- ○ in Zehnerschritten zählen
- ○ subtrahieren ohne Zehnerübergang
- ○ subtrahieren mit Zehnerübergang
- ○ das Subtrahieren anwenden
    - ○ bei Umkehraufgaben (8 - 2 = 6, 6 + 2 =8)
    - ○ bei Nachbaraufgaben (5 - 2 = 3, 5 - 3 = 2)
- ○ Dezimalzahlen subtrahieren
- ○ dekadische Analogien bilden (8 – 4 = 4, 18 – 4 = 14)
- ○ mit dem Subtraktionsschema umgehen (schriftliche Rechenverfahren anwenden)
- ○

Das Kind kann … ⊠

▶ Multiplizieren

- ○ Malbegriffe anwenden (dreifach; dreimal soviel = dreimal mehr; ein Drittel = dreimal weniger); Erkennen der Operation
- ○ Begriffe deuten
  - ○ zeitlich-sukzessiv (ich trage viermal drei Bälle)
  - ○ räumlich-simultan (auf dem Tisch stehen 3 Teller mit je fünf Plätzchen)
- ○ Einmaleinsreihen rechnen (Kenntnis Einmaleins)
- ○ mündlich multiplizieren
- ○ halbschriftlich multiplizieren (223 x 3 = 669)
- ○ schriftlich multiplizieren
- ○ Reihenfolge / Richtung der Operationen einhalten (Teilschritte)
- ○ Stellenwertschreibweise richtig anwenden
- ○ den Zusammenhang Multiplikation und Division erkennen (Reversibilität)
- ○ operativ handeln
  - ○ erschließen aus der Addition (40 + 40 + 40 = 3 x 40)
  - ○ zerlegen (180 = 6 x 30)
  - ○ Reversibilitäten vornehmen (umkehren 9 x 2 = 18, weil 18 : 2 = 9)
  - ○ das Kommutativgesetz anwenden (vertauschen 2 x 7 = 7 x 2)
  - ○ das Distributivgesetz anwenden (2 x [5 + 5] = 2 x 5 + 2 x 5 = 20)
  - ○ Analogien bilden (5 x 3 = 15, 5 x 30 = 150)
- ○

▶ Dividieren

- ○ den Divisionsbegriff anwenden (Division als Verteilen von Mengen; Vorstellung Teilungsbegriff – zerlegen)
- ○ Begriffe deuten
  - ○ verteilen (Marion verteilt 12 Bonbons an drei Kinder)
  - ○ aufteilen
    (Sven hat 20 Äpfel in einer Kiste; er packt immer 5 Äpfel in eine Tüte)
- ○ Verfahrensschritte anwenden (vertauschen, auslassen, vergessen, einhalten); Reihenfolgen/Richtung der Operationen einhalten (Teilschritte)
- ○ Einmaleinssätze anwenden
- ○ mit Rest verteilen
- ○ mündlich dividieren
- ○ halbschriftlich dividieren
- ○ schriftlich dividieren
- ○ Operationen erkennen
- ○ die Stellenwertschreibweise richtig anwenden
- ○ den Zusammenhang Multiplikation und Division erkennen (Umkehroperation der Multiplikation)
- ○ operativ handeln
  - ○ Reversibilitäten vornehmen (umkehren 18 : 2 = 9, weil 9 x 2 = 18)
  - ○ Analogien bilden (8 : 2 = 4, 80 : 20 = 4)
- ○

Das Kind kann… ☒

▶ **Umgang mit dem Dezimalsystem**
○ Größen und Zusammenhänge von Einheiten erkennen
○ Reihenfolgen der Ziffern einhalten
○ das Stellenwertsystem schreibend anwenden (Aufbau und Gliederung)
○ richtig das Komma setzen
○ Zahlen schätzen
○ Dezimalstellen in Bruchstellen darstellen (Umkehrung)
○

▶ **Umgang mit Größen (Maße /Gewichte)**
○ Maße und Gewichte erkennen und mit ihnen umgehen
○ mit Abkürzungen umgehen
○ Vorsilben deuten („Milli"= Tausendstel, „Zenti"= Hundertstel)
○ mit Größen umgehen (Gleichwertigkeit), sie erkennen und schätzen
○ Proportionen (Größenverhältnisse) deuten
○ einen Zusammenhang Maßeinheit und Maßzahl herstellen (je größer die Einheit, desto kleiner die Zahl)
○ Aufteilungen vornehmen
○ das Komma richtig platzieren
○ Eigenschaften/Merkmale/Elemente erkennen, anwenden und unterscheiden
   ○ Länge   (gleich lang, lang – kurz)
   ○ Körpergröße   (Hemd passt)
   ○ Gewicht   (leicht – schwer)
   ○ Zeit   (Tageszeiten/Uhr, Jahreszeiten/Kalender)
   ○ Zeitabläufe   (früher, später, ältere und jüngere Menschen)
   ○ Geschwindigkeit („mach schnell", „beeile dich")
   ○ Geld   (teuer – billig, preiswert)
   ○ Temperatur   (heiß – kalt)
○ Raum- und Flächeninhalte berechnen
○

Das Kind kann... ⊠

▶ **Umgang mit Brüchen**
- ○ Bruchnamen bezeichnen und Brüche richtig schreiben
- ○ Proportionen erkennen (hat Größenvorstellungen)
- ○ Brüche als Teil des Ganzen erkennen
- ○ Brüche/Bruchteile erkennen und verstehen
  - ○ erweitern (je kleiner die Stücke, desto mehr sind es)
  - ○ kürzen (je größer die Stücke, desto weniger sind es)
- ○ Bruchteile schätzen und vergleichen
- ○ mit langem Bruchstrich umgehen
- ○ Brüche ordnen, unterscheiden, umwandeln ◂
- ○ Brüche darstellen (echte und unechte)
- ○ Bruchregeln anwenden (Ausführen verschiedener Rechenoperationen)
- ○ mit gleichnamigen Brüchen addieren und subtrahieren
- ○ mit ungleichnamigen Brüchen und gemischten Zahlen addieren und subtrahieren
- ○ Multiplikationen und Divisionen von Brüchen und gemischten Zahlen vornehmen
- ○ Brüche in Dezimalbrüche umwandeln und umgekehrt
- ○ Bruchzahlen in Anwendungssituationen einsetzen (Anwendungsaspekt)
  - ○ mit dem Maßzahlaspekt umgehen (½ m, ½ Std)
  - ○ mit dem Operatoraspekt umgehen (nimm ⅔ von 1 l Sahne)
  - ○ mit dem Skalenwertaspekt umgehen (Wasserstand 1 ½ m)
  - ○ mit dem Quotientenaspekt umgehen (Mischungsverhältnis 1:2)
- ○

▶ **Umgang mit Sachaufgaben**
- ○ Texte lesen und verstehen
- ○ Aufgaben (Probleme) verstehen
  - ○ eingliedrige Aufgaben
  - ○ mehrgliedrige Aufgaben
  - ○ Aufgaben mit Analyse – Synthese – Schritten
- ○ Frage und Antwort erkennen
  - ○ sicher formulieren
- ○ die notwendigen Rechen-Operationen erkennen und sie angemessen durchführen
- ○ Lösungsstrategien (Handlungsschritte) planen, durchführen und kontrollieren
- ○ Fachausdrücke anwenden
- ○

Das Kind kann ... ⊠

◉ Geometrisches Handeln

○ geometrische Qualitätsbegriffe anwenden (dick, dünn, breit, schmal, eckig, rund, groß, klein, spitz, stumpf, lang, kurz)

○ räumliche Beziehungen erkennen, benennen, beschreiben (dahinter, daneben, länger als, senkrecht zu, parallel zu, waagerecht zu)

○ räumliche Beziehungen wie Wege, Strecken, Linien erkennen, beschreiben und zeichnerisch darstellen

○ geometrische Dimensionen erkennen (Körper, Eigenschaften)

○ Flächen und Körper identifizieren

○ Flächenformen (ebene Figuren) erkennen und unterscheiden (Kreis, Dreieck, Quadrat, Rechteck)

○ Größenverhältnisse deuten

○ mit Größen (Flächen) umgehen

○ Längen- und Flächenmaße umwandeln

○ Körper vergleichen (Flächenform, Kanten, Schrägbilder)

○ geometrische Größen beim Messen von Strecken, Flächen, Körpern erkennen, sie vergleichen und ordnen

○ mit Lineal, Geodreieck, Zirkel, Schablonen zeichnen

○ freihändig zeichnen

○ geometrische Formen zeichnen (Würfel/Quader und Netzbilder)

○ Figuren auslegen

○ Figuren an Achsen spiegeln

○ Abbildungen/Veränderungen/Ergänzungen an und mit Objekten vornehmen (vergrößern, verkleinern, drehen, verschieben, klappen, spiegeln, zerlegen, zusammensetzen, umformen)

○ symmetrisch handeln (Figuren auf Symmetrie überprüfen, Symmetrieachsen finden)

○ Maßeinheiten adäquat benennen

○ Formeln anwenden

○ Berechnungen vornehmen (Flächen, Körper)

○

11 Wo finden sich mögliche Förderhinweise?

Jede Förderung kann nur situativ angelegt sein und orientiert sich zum einen am individuellen Entwicklungsstand und an den Entwicklungsmöglichkeiten des Kindes und zum anderen an den Kompetenzen der Erziehenden.

Der Kern dieses Buches ist neben der differenzierten Darstellung der vorschulischen und schulischen Erwerbsbereiche „Graphomotorische Kompetenzen", „Schriftsprachliche Kompetenzen" und „Mathematische Kompetenzen" die Verdeutlichung der Voraussetzungsleistungen der „Sensomotorischen Kompetenzen".

Darum wird der Blick auch nur auf Hilfen für die Förderung „Sensomotorischer Kompetenzen" gelenkt. Mögliche Hilfen für die anderen drei Kern-Erwerbsbereiche bieten die angegebenen Quellen des Kapitels 13 „Literatur".

Umfangreiche sensomotorische Förderhinweise finden sich in folgenden Materialbänden der Sportjugend NRW (die Zahlen bei den Quellenangaben stehen für folgende Literatur):

- ▶ Ratgeber „Kinder mit mangelnden Bewegungserfahrungen – Teil 1. . . . . ❶
  *Praktische Hilfen für den Umgang mit Bewegungsmängeln
  und Verhaltensauffälligkeiten*

- ▶ Ratgeber „Kinder mit mangelnden Bewegungserfahrungen – Teil 2. . . . . . . ❷
  Praktische Hilfen zur Förderung der Wahrnehmung und Bewegungsentwicklung

- ▶ Materialordner „Praktisch für die Praxis" . . . . ❸

- ▶ Ratgeber „Bewegungserziehung im Kleinkind- und Vorschulalter" . . . . ❹

Förderschwerpunkte	Förderhinweise in der Quelle

Wahrnehmungsfähigkeiten
- ▶ Auditive Wahrnehmung (Hören) . . . . ❷
- ▶ Taktile Wahrnehmung (Tasten) . . . . ❷
- ▶ Kinästhetische Wahrnehmung (Bewegungsempfindung)/Muskeltonuskontrolle . . ❷
- ▶ Vestibuläre Wahrnehmung (Gleichgewicht) . . . . ❷
- ▶ Visuelle Wahrnehmung (Sehen)/Augenkontrolle . . . . ❷
- ▶ Gustatorische Wahrnehmung (Schmecken) . . . . ❷
- ▶ Olfaktorische Wahrnehmung (Riechen) . . . . ❷
- ▶ Körperwahrnehmung/Körperschema/Körperbild . . . . ❷
- ▶ Zeitwahrnehmung . . . . ❷
- ▶ Raumwahrnehmung . . . . ❷
- ▶ Handlungsplanung . . . . ❷

Weitere Literaturbeispiele (siehe Literaturangaben Balster 2003 / Teil 3)
BRAND/BREITENBACH/MAISEL 1988, EGGERT 1994a, MERTENS 1986, 1991, ZIMMER 1995

Balster, K./Schilf, F.: Kompetenzen von Kindern erkennen

Förderschwerpunkte	Förderhinweise in der Quelle

Motorische Fähigkeiten

- ▷ Mundbeweglichkeit . . . . **❷**
- ▷ Seitigkeitsfähigkeit/-sicherheit . . . . **❷**
- ▷ Handbeweglichkeit. . . . . **❷**
- ▷ Fußbeweglichkeit . . . . **❷**
- ▷ Koordinative Fähigkeiten. . . . . **❷**
- ▷ Motorische Grundfähigkeiten . . . . **❶ ❷**
- ▷ Komplexe Koordinationsleistungen. . . . . **❶ ❷**
- ▷ Fähigkeit der Haltungskontrolle . . . . **❶**

Weitere Literaturbeispiele (siehe Literaturangaben Balster 2003 / Teil 3):
BAG 1993a, 1993 b, 1995, DORDEL 1992, EGGERT 1994a , KIPHARD 1979, KOSEL 1992, SINNHUBER 1983, PAULI/KISCH 1994

Förderschwerpunkte	Förderhinweise in der Quelle

Motorische Fertigkeiten

- ▷ Balancieren, Drehen/Kreisen, Hängen/Hangeln, Klettern/Steigen, Wälzen/Rollen, Rutschen, Stützen/Stützsprünge, Schaukeln/Schwingen . . . **❶ ❸ ❹**
- ▷ Gehen/Laufen, Hüpfen/Springen,Schlagen/Werfen,Schießen . . . . **❶ ❸ ❹**
- ▷ Ziehen/Schieben, Heben/Tragen, Raufen/Ringen . . . . **❶ ❸ ❹**
- ▷ Fahren, Gleiten/Rutschen, Rollen. . . . . **❶ ❸ ❹**
- ▷ Grundfertigkeiten für das Bewegen im Wasser . . . . **❸ ❹**
- ▷ Gymnastische und tänzerische Grundfertigkeiten . . . . **❷ ❸ ❹**
- ▷ Grundfertigkeiten für das Spielen mit Gegenständen. . . . . **❶ ❷**
- ▷ Grundfertigkeiten für das Spielen ohne Ball. . . . . **❶**
- ▷ Grundfertigkeiten für das Spielen mit einem Ball und mit Schläger und Ball . . . . **❶**

Weitere Literaturbeispiele (siehe Literaturangaben Balster 2003 / Teil 3):
BAG 1993a, 1993 b, 1995, KOSEL 1992, KULTUSMINISTERIUM NRW/AOK 1988, SCHRAAG/ DURLACH/ MANN 1996

12 Erläuterung ausgewählter Begriffe

Die meisten Begriffe sind bereits im Text erläutert!

▶ **Akustisch-phonematische Differenzierung**
Hörunterscheidung von Lauten

▶ **Alphabetische Strategie**
Das Schreiben nach dem Lautschriftprinzip mit Hilfe der eigenen Artikulation steuern und kontrollieren

▶ **Dekadische/s Analogien/System**
Zahlensystem mit der Grundzahl 10; Übertragung von Zehner-Zuordnungen; z.B. von 4 + 4 = 8 zu 14 + 4 = 18

▶ **Expertenrating**
Experten wie Erziehende nehmen eine Einstufung und Schätzung vor, z.B. welche Teilkompetenzen zu einer Kompetenz gehören

▶ **Expressive Sprachverständigung**
Sprechend verständigen

▶ **Graphem**
Schriftzeichen

▶ **Graphomotorik**
Schreibmotorik

▶ **Intersubjektive Übereinstimmung**
Mehrere Personen nehmen Gleiches wahr

▶ **Kernerwerbsprozess**
Der Erwerb von Kernkompetenzen für das Lesen oder Schreiben bzw. Rechnen

▶ **Kinästhetisch-artikulatorische Differenzierung**
Fähigkeit, Gehörtes lautgetreu nachzusprechen

▶ **Kontextbezug**
Inhaltlicher Gedanken- und Sinnzusammenhang; durch Sinnerwartung lesen

▶ **Melodisch-intonatorische Differenzierung**
Fähigkeit, über das „Wie" des Sprechens (ohne Gestik und Mimik) den Wert einer Aussage zu gestalten, z.B. Tonhöhenunterschiede

▶ **Morphem**
Grundbausteine der Sprache z. B. komm in kommen

▶ **Morphematische Strategie**
Wörter in Bausteine gliedern

▶ **Optisch-graphomotorische Differenzierung**
Fähigkeit, Formen mit den Augen zu erfassen und nachzuzeichnen

▶ **Phänomenologische Fehleranalyse**
Aufzählen und Auszählen der erkennbaren Fehler nach Fehlertypologien

12

▶ **Phonem**
Lautzeichen

▶ **Phonem-Graphem-Korrespondenz**
Laut-Schrift-Zeichen-Zuordnung

▶ **Phonologische Informationsverarbeitung**
Fähigkeit, die Lautstruktur von Wörtern zu verarbeiten

▶ **Phonologisches Bewusstsein**
Gliederungselemente der gesprochenen Sprache erkennen und Laute unterscheiden und synthetisieren können

▶ **Pränumerale Kompetenzen**
Fähigkeiten, die die Voraussetzungen für mathematische Kompetenzen sind

▶ **Prognostische Aussage**
Etwas mit hoher Wahrscheinlichkeit voraussagen

▶ **Rekodieren**
Nach der Dekodierung erfolgende Umsetzung in den Kode der Zielsprache

▶ **Rezeptive Sprachverständigung**
Gehörtes wahrnehmen

▶ **Schreibduktus**
Schriftzug, Linienführung der Schriftzeichen

▶ **Semantik**
Bedeutungen sprachlicher Zeichen und Zeichenfolgen, Bedeutung des Inhaltes eines Wortes, Satzes oder Textes

▶ **Sensomotorik**
Funktionseinheit von Wahrnehmung und Bewegung

▶ **Sozialität**
Eine Person verfügt über gesellschaftlich bedingte Verhaltensweisen

▶ **Syntax**
Ordnung/Verbindung von Wörtern zu Sätzen, korrekter Bau von Sätzen

13

13 Literatur

▶ **Akademie für Lehrerfortbildung und Personalführung Dillingen** (2000): *Lese-Rechtschreib-Schwierigkeiten.* Donauwörth.

▶ **Akademie für Lehrerfortbildung und Personalführung Dillingen** (1995): *Rechenstörungen.* Donauwörth

▶ **Akademie für Lehrerfortbildung und Personalführung Dillingen** (1998): *Rechenschwäche.* Akademiebericht 309. Dillingen

▶ **Atzesberger, M.** (1978): *Sprachaufbau, Sprachbehinderungen – Pädagogische Hilfen.* Stuttgart

▶ **Balster, K.** (2003): *Kinder mit mangelnden Bewegungserfahrungen – Teil 1. Praktische Hilfen für den Umgang mit Bewegungsmängeln und Verhaltensauffälligkeiten.* Sportjugend NRW (Hrsg.) Duisburg (6. Auflage)

▶ **Balster, K.** (2003): *Kinder mit mangelnden Bewegungserfahrungen – Teil 2. Praktische Hilfen zur Förderung der Wahrnehmung und Bewegungsentwicklung.* Sportjugend NRW (Hrsg.) Duisburg (3. Auflage)

▶ **Balster, K.** (2003): *Kinder mit mangelnden Bewegungserfahrungen – Teil 3. Praktische Beobachtungshilfen zur Einschätzung und Förderung kindlichen Bewegungsverhaltens.* Sportjugend NRW (Hrsg.) Duisburg (2. Auflage)

▶ **Balster, K.** (2002): *Kinder mit mangelnden Bewegungserfahrungen – Teil 4. Praktische Erfahrungsrezepte für den Umgang mit den häufigsten alltäglichen Verhaltensproblemen bei Bewegungs-, Spiel- und Sportangeboten.* Sportjugend NRW (Hrsg.) Duisburg (2. Auflage)

▶ **Breuer, H./Weuffen, M.** (2000): *Lernschwierigkeiten am Schulanfang.* Weinheim

▶ **Brüggelmann, H.** (1988): *Lese- und Schreibaufgaben für Schulanfänger.* Universität Bremen

▶ **Eggert, D.** (1997): *Von den Stärken ausgehen ...* Dortmund

▶ **Fischer, K./Wendler, M.** (1994): *Der Schriftsprachenerwerb und kindliche Entwicklung.* In: Kindheit und Entwicklung 3/94, 74-83

▶ **Frith, U.** (1985) in Akademie ... (2000)

▶ **Ganser, B.** (2000) in Akademie ... (2000)

▶ **Gerster, H. D.** (1982): *Schülerfehler bei schriftlichen Rechenverfahren.* Freiburg 1982

▶ **Grissemann, H.** (1998): *Diagnostik nach der Diagnose.* Göttingen

▶ **Haase, P.** (Hrsg. / 2000): *Schreiben und Lesen lehren und lernen.* Dortmund

▶ **Milz, I.** (1999): *Rechenschwächen erkennen und behandeln.* Dortmund (5. Auflage)

▶ **Scheerer-Neumann, G.** (1997) in Akademie ... (2000)

▶ **Scheerer-Neumann, G./Valtin, R.** (2000) in Akademie ... (2000)

▶ **Schilling, F.** (1994): *Vom Strich zur Schrift.* Dortmund

▶ **Valtin, R.** (2000) in Akademie ... (2000)

Entwicklungsprotokoll

Kind:_____ geb.: _____ Nationalität:_____

Datum	Zu fördernde/r Kompetenzbereich/ Kompetenz/Teilkompetenz	Förderplan/Bemerkungen

Materialien der Sportjugend NRW zu den Handlungsfeldern „Bewegungserziehung" und „Förderung von Kindern mit mangelnden Bewegungserfahrungen"

Praktische Hilfen für den Umgang mit Bewegungsmängeln und Verhaltensauffälligkeiten – Teil 1*

Der Ratgeber (6. Aufl.) bietet umfassende praktische Hilfen für den Umgang mit den elf häufigsten Bewegungsmängeln und sechs meistgenannten Verhaltensauffälligkeiten.

Die über 400 übersichtlich dargestellten Förderhinweise und -beispiele sind für Sportvereine, Kindergärten, Schulen, Eltern und sonstige Interessierte hilfreich.

Praktische Hilfen zur Förderung der Wahrnehmung und Bewegungsentwicklung – Teil 2*

Der Ratgeber (3. Aufl.) bietet umfassende praktische Hilfen zur Förderung der Wahrnehmung und Bewegungsentwicklung.

Die aktuellen motorischen und sensomotorischen Entwicklungsübersichten, die 22 wichtigsten detailliert beschriebenen Entwicklungsbausteine und die über 800 übersichtlich dargestellten Förderschwerpunkte und -beispiele sind für Sportvereine, Kindergärten, Schulen, Eltern und sonstige Interessierte hilfreich.

Praktische Beobachtungshilfen zur Einschätzung und Förderung kindlichen Bewegungsverhaltens – Teil 3*

Der Ratgeber (2. Aufl.) ist eine umfassende praktische Beobachtungshilfe zur Einschätzung und Förderung kindlichen Bewegungsverhaltens. Das Buch ermutigt alle Erziehenden in Sportverein, Kindergarten, der Schule oder Eltern zur Beobachtung und gibt alltagsnahe Beobachtungs- und Förderhinweise.

Es bietet umfassende altersvergleichende Entwicklungsübersichten zu den wichtigsten Wahrnehmungsfähigkeiten und grundlegenden motorischen Fähigkeiten und Fertigkeiten.

Praktische Erfahrungsrezepte für den Umgang mit den häufigsten alltäglichen Verhaltensproblemen bei Bewegungs-, Spiel- und Sportangeboten – Teil 4*

In diesem Ratgeber (2. Aufl.) werden Entlastungshilfen im Umgang mit Verhaltensproblemen beschrieben. Diese stützen sich auf praktische Erfahrungswerte von Erziehenden und bieten für die 34 häufigsten alltagstypischen Verhaltensprobleme, wie z.B. „Kinder sind rücksichtslos" oder „Kinder haben Angst vor Misserfolgen", praxisbewährte Bewegungs-Handlungsentwürfe.

* Autor: Dr. Klaus Balster